例題と演習で学ぶ
経営数学入門
―線形計画法とゲーム理論―

藤本佳久 著

学術図書出版社

まえがき

　文系の学生にとって，微積・行列など経済学のための基礎的な数学，それとORなどの経営数学，それと統計学が三種の神器とでもいうべき大事な数学的「道具」になってきているのではないだろうか．

　コンピュータの出現は何よりも，それまで，計算の難しさで躓いていた人たちを救ってくれる道具となっている．そうは言っても，計算のやり方も，「方法」だけを学ぶことはできない．具体的な問題を解いたりする中でこそ身に付きもするし，ある種の「感覚」も養われるのである．したがって，初めは手計算で問題を解きながら，どの部分が難しいのか探り，本質的な部分は何なのかを「感覚」的につかんでほしいと願っている．

　その意味も込めて，「演習」をきちんと盛り込んだ形で教科書を作って見たいと思っていた．問題を解く手順が分かるようにあえて，「穴埋め式」にこだわった．それで問題解法の流れをつかんで頂きたいと思っている．多少計算が難しい演習もあるかも知れないが，穴埋め式になっているので，流れをつかんで，逆に，もう一度本文の方を読み直してもらえれば，理解が深まるのではないかと思っている．

　授業等で本書を使用頂ける場合には，学術図書出版社にご連絡いただければ，「演習」の問題は，実際の授業で利用可能なプリントの形で用意させて頂いている．さらに，演習の「解答」を書き込んだプリントも利用可能である．

　最後に，筆者の従兄で，先輩である藤本喬雄教授には，貴重な指摘や提案を頂いた．また，改訂前の本書を使って授業を行って下さった船越正太氏からもミスプリや誤りを始めとして，貴重な意見を頂いた．心から謝意を表したい．

2008年11月

著者

目次

第1章 線形計画法　　1
1.1 線形計画法とはどんなものか？　　1
1.1.1 線形計画法の例　　3
1.1.2 グラフによる解法　　4
1.1.3 グラフによる解法演習　　6
1.1.4 線形計画問題の解　　7
1.1.5 解法の考え方　　10
1.2 シンプレックス法　　12
1.2.1 シンプレックス表の書き方　　15
1.2.2 シンプレックス法の解法の手順　　22
1.2.3 シンプレックス法演習　　26
1.3 罰金法　　28
1.3.1 人為変数　　29
1.3.2 罰金法演習　　33
1.4 双対問題　　35
1.4.1 双対定理　　35
1.4.2 双対定理を使った解法例　　37
1.4.3 双対定理の演習　　43
1.5 輸送問題　　47
1.5.1 輸送問題とは何か？　　47
1.5.2 輸送問題演習　　57
1.5.3 輸送問題とシンプレックス法　　62
練習問題　　66

第2章 ゲーム理論　　68

2.1 ゼロ和2人ゲーム　　69
2.1.1 ミニマックス原理　　70
2.1.2 鞍点　　72
2.1.3 混合戦略——鞍点を持たない場合　　75
2.1.4 最適混合戦略の解法　　79
2.1.5 ゲーム理論と線形計画法　　84
2.1.6 ゼロ和2人ゲーム演習　　93
練習問題　　99

2.2 2人非ゼロ和ゲーム　　101
2.2.1 支配戦略　　101
2.2.2 囚人のジレンマ　　102
2.2.3 最適反応戦略　　104
2.2.4 混合戦略　　108
2.2.5 混合戦略のナッシュ均衡点　　111
2.2.6 混合問題としてのナッシュ均衡点を求める演習（1）　　116
2.2.7 囚人のジレンマの混合戦略　　121
2.2.8 非協力ゲームの実現可能集合　　124
2.2.9 クールノーの複占市場　　131
練習問題　　139

演習・問題解答　　140

参考文献　　144

索引　　146

第1章

線形計画法

1.1 線形計画法とはどんなものか？

　第2次世界大戦中，イギリスでは兵士や武器の効率的な運送，配備など軍事上の計画や実践をおこなうために，オペレーショナル・リサーチ（Operational Research）と呼ばれる研究が始まった．これがアメリカに渡り，戦後，企業活動の戦略を解析する手段として，様々な数学的手法や技法が研究され，新たに発展をとげた．これら総体はオペレーションズ・リサーチ（Operarions Research, OR と略記）と呼ばれている．

　その中でも，オペレーションズリサーチの代表格に当たる**線形計画法**は，企業活動等においても，利益を最大にする生産計画，効率的な輸送計画など多方面に応用されている．

　まずは，その線形計画法というのがどんなものか，典型的な例で紹介したい．

> **例題1** ある工場では2つの製品 A, B を作ることになった．それぞれの製品1単位を生産するのに
> - 製品 A は，原料 I が 8kg　　原料 II が 3kg,
> - 製品 B は，原料 I が 6kg　　原料 II が 5kg
>
> が必要であるとする．使用できる原料の限度は，原料 I が 132kg，原料 II は 66kg まであるとする．製品1単位あたりの利潤は，A が5万円，B が7万円であるとする．このとき，A，B をどれだけ生産することにしたら最大の利潤を得ることができるであろうか？

[説明]

まずこれを表にしよう．

原料＼製品	A	B	使用可能量 (kg)
I	8	6	132
II	3	5	66
利潤 (万円)	5	7	

次に式で表してみよう．

製品 A を x 単位，製品 B を y 単位

だけ生産することにする．

$$x \geqq 0, y \geqq 0$$

でなければならないことに注意しよう．これを**非負条件**という．各製品は

$$\begin{cases} 原料\,\text{I}\,について： & 8x + 6y \leqq 132 \\ 原料\,\text{II}\,について： & 3x + 5y \leqq 66 \end{cases} \tag{1.1}$$

の制限がある．このような制限を与える式を**制約条件**と呼ぶことにする．このとき，利潤を z（万円）とすると

$$z = 5x + 7y \tag{1.2}$$

となる．この関数を**目的関数**と呼ぶ．

　制約条件も，目的関数も，x と y の1次関数で表されていることに注意しよう．1次式であることを線形であるともいう．このように，線形の制約条件，目的関数の下で，制約条件 (1.1) を満たしながら，目的関数 z を最大にする解（**最適解**という）を求める問題（あるいは，最小にする解を求める問題もある）を**線形計画問題**と呼ぶ．

　この問題のように目的関数を最大にする問題を，特に，線形計画問題の中の**最大化問題**という．問題によっては，目的関数を最小にする場合もあり，この場合には**最小化問題**という．

また，最適解をどの範囲で考えるかというのも問題になる．例えば，最適解を整数の範囲に制限した問題を，整数線形計画問題という．ここでは，整数に制限せず，実数の範囲で解を考えることにする．

1.1.1 線形計画法の例

線形計画法には，どんな問題があるか，例を挙げてみよう．

目的関数の最大値を求める問題． 前節の問題を再掲する．

> **例題 1 (最大化問題)** ある工場では2つの製品 A，B を作ることになった．それぞれの製品1単位を生産するのに
> - 製品 A は，原料 I が 8kg　原料 II が 3kg,
> - 製品 B は，原料 I が 6kg　原料 II が 5kg
>
> が必要であるとする．使用できる原料の限度は，原料 I が 132kg，原料 II は 66kg までであるとする．製品1単位あたりの利潤は，A が5万円，B が7万円であるとする．このとき，A，B をどれだけ生産することにしたら最大の利潤を得ることができるであろうか？

目的関数の最小値を求める問題．

> **例題 2 (最小化問題)** 3つの食品から2種類の栄養素 A, B を摂取することにした．食品 P 1単位には，栄養素 A が 3g, 栄養素 B が 4g 含まれており，食品 Q 1単位には，栄養素 A が 2g, 栄養素 B が 6g 含まれており，食品 R 1単位には，栄養素 A が 6g, 栄養素 B が 3g 含まれているとする．食品 P, Q, R の1単位の値段はそれぞれ5百円，4百円，6百円であるとする．最低でも栄養素 A は 8g, 栄養素 B は 10g 摂取しなければいけないとする．このとき，費用が最小になるには3つの食品をどのように使うのがよいか求めよ．

最適な輸送計画を求める問題.

例題 3 (輸送問題) 3つの供給地 A_1, A_2, A_3 から，3つの需要地 B_1, B_2, B_3 へ製品を輸送している．各供給地の供給量，各需要地の需要量，および各輸送費は表の通りであるとする．このとき，最適輸送計画（総輸送費を最小にする輸送計画）を立てよ．供給量，需要量の単位はトンとし，輸送費は万円とする．

供給地＼需要地	B_1	B_2	B_3	供給量
A_1	6	3	5	8
A_2	2	4	3	12
A_3	7	8	6	10
需要量	9	7	14	

1.1.2 グラフによる解法

[例題1のグラフによる解] まず，原料 I, II の制約条件を図示する．式 (1.1) を変形すると

$$\begin{cases} 原料 \text{I} について： & y \leqq -\frac{4}{3}x + 22 \\ 原料 \text{II} について： & y \leqq -\frac{3}{5}x + \frac{66}{5} \end{cases} \quad (1.3)$$

となる．図の斜線部の領域になる（領域という用語は，通常は境界を含めない開集合を表すが，ここでは，境界を含めた閉集合を表すことにする）．これを，**許容域** (feasible region) あるいは実行可能域と呼ぶ．4角形 OABC になっている．

目的関数 (1.2)

$$z = 5x + 7y$$

を最大にする (x, y) はどういう点であろうか？この点の値が利潤を最大にする製品 A, B の生産量を表している．このような点を**最適解**と呼び，このときの目的関数の値を**最適値**と呼ぶ．さて，

$$y = -\frac{5}{7}x + \frac{z}{7}$$

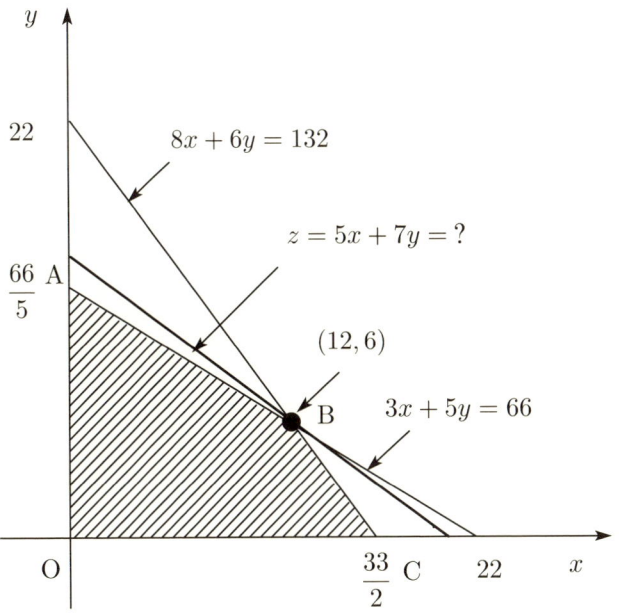

図 1.1 許容域

と変形すると，傾きが $-\dfrac{5}{7}$ となる直線に対して，上の領域の点 (x, y) の中で，y 切片 $\dfrac{z}{7}$ が最大になるような点が求めるものである．そのとき，必然的に z も最大になっている．

整理すると，(x, y) を見つけるには

領域と交わりを持つ範囲で，y 切片が最大になるような直線とそのときの領域の中の点を求めればよい．

図よりそういう点は，領域の境界上にあることが分かる．結局，不等式 (1.1) で決まる領域の境界を表す2直線

$$\begin{cases} 8x + 6y = 132 \\ 3x + 5y = 66 \end{cases} \tag{1.4}$$

の交点になる．

したがって，この連立方程式を解くと，求める点は
$$(x, y) = (12, 6)$$
となる．このとき，
$$z = 5 \cdot 12 + 7 \cdot 6 = 102$$
となる．したがって，

(答) 製品 A を 12 単位，製品 B を 6 単位生産するときが利潤が最大になり，その値は 102 万円である．

■

1.1.3 グラフによる解法演習

演習 1 ある工場で，2 つの製品 A，B を作っている．それぞれの製品 1 単位を生産するのに製品 A は，原料 I が 8kg　原料 II が 6kg　原料 III が 7kg，製品 B は，原料 I が 4kg　原料 II が 9kg　原料 III が 6kg が必要であるとする．いま，使用できる原料の限度は，原料 I が 86kg，原料 II が 99kg，原料 III が 84kg であるとする．1 単位についての利潤は，A が 10 万円，B が 12 万円であるとする．このとき，最大の利潤を得ることができるように A，B の生産計画を立てよ．

上の問題を以下の手順で答えよ．

問 1. 上の問題を次の表の形に整理せよ．

製品＼原料	A	B	利用可能量
I			
II			
III			
利潤（万円）			

問 2. 製品 A を x 単位，製品 B を y 単位だけ生産することにする．

(1) このとき，利潤は [　　　　　　　] 万円である．

(2) 原料の使用可能量が決まっているという制約から，次の不等式が得られる．

$$\begin{cases} \boxed{}\, x + \boxed{}\, y \leqq \boxed{} & \text{(原料 I についての制約)} \\ \boxed{}\, x + \boxed{}\, y \leqq \boxed{} & \text{(原料 II についての制約)} \\ \boxed{}\, x + \boxed{}\, y \leqq \boxed{} & \text{(原料 III についての制約)} \end{cases}$$

問 3. グラフを用いて最大利潤になる場合の製品 A, B の生産量を決定せよ．その時の最大利潤も求めよ．

[計算式]　　　　　　　　　[グラフ]

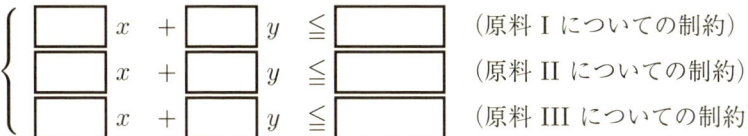

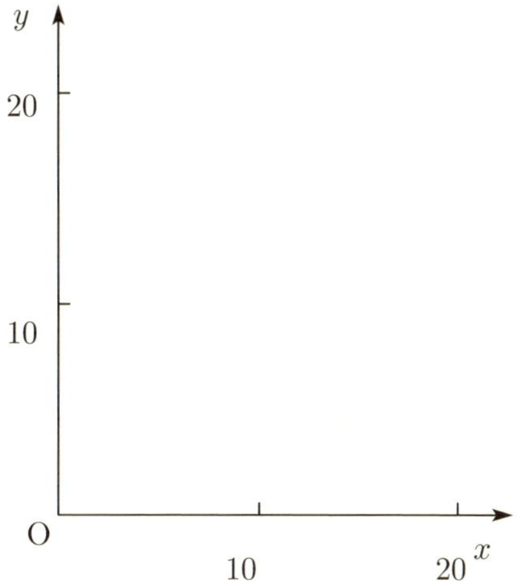

(答) 製品 A を $x = \boxed{}$ 単位，製品 B を $y = \boxed{}$ 単位生産したとき，最大の利潤をあげることができて，その額は $\boxed{}$ 万円である．

1.1.4　線形計画問題の解

斜線部のなす多角形の内部と境界（以後，これを簡単に，多角形という）を W とおく．前の解き方を調べると，利潤の直線の傾き次第では，利潤が最大になる可能性がある点は

- W の境界の頂点
- W の境界の辺上の点

であることが分かる．W の境界の辺上の点の中には頂点も含まれるので，結局**多角形 W の頂点**で利潤が最大になることになる．

今までの問題では製品が 2 個だったので，平面上に図が描けたが，「3 個の製品を作る問題」では，変数が 3 個になるので空間内に図を描かないといけない．「4 個の製品を作る問題」では 4 次元空間となり，とても図を描くことはできなくなる．多角形も，多面体，「4 次元の多面体」と次元が上がってくる．

そこで計算によって頂点を扱う方法 を考えてみよう．

問題をもう一度書いてみよう．x を x_1，y を x_2 とおいて書き直すと

$$
\begin{aligned}
8x_1 + 6x_2 &\leqq 132 \\
3x_1 + 5x_2 &\leqq 66 \\
x_1, x_2 &\geqq 0
\end{aligned}
$$

をみたすとき，

$$z = 5x_1 + 7x_2$$

を最大にするような x_1, x_2 を求めよ．

連立不等式のままでは扱いにくいので，**スラック (slack) 変数**と呼ばれる変数 x_3, x_4 を導入して等式にしよう．すなわち，次の形になる．

$$
\begin{aligned}
8x_1 + 6x_2 + x_3 &= 132 \\
3x_1 + 5x_2 + x_4 &= 66 \\
x_1, x_2, x_3, x_4 &\geqq 0
\end{aligned}
$$

をみたすとき，

$$z = 5x_1 + 7x_2$$

を最大にするような x_1, x_2 を求めよ．

連立方程式は 2 本で，変数が 4 個なので，変数が 2 個多い．そこで，x_1, x_2, x_3, x_4 の中の **2 個**を 0 とおいて連立方程式を解くことにする．そうすると，方程式の数が 2 本で，変数が 2 個であるから 2 本の式が独立な場合には一意に解けるはずである．組合せは $_4\mathrm{C}_2 = 6$ であるから，6 組の解が存在する．ここで，

1.1 線形計画法とはどんなものか？ 9

$_nC_k = \dfrac{n!}{k!(n-k)!}$ である．このような解を**基底解**と呼ぶ．0 とおいた変数を**非基底変数**と呼び，それ以外の変数を**基底変数**と呼ぶ．

さらに，基底解の中で，解が非負条件をみたしている場合には**実行基底解**，満たしてない場合には**非実行基底解**という．グラフ上の点を計算しておこう（正確には，基底解を xy 平面に射影した点が O, A, B, C, D, E である）．

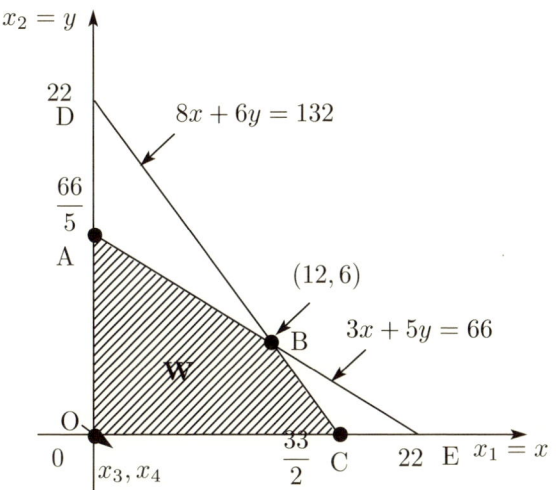

図**1.2** 制限条件の表す領域

点 **O** $(x_1 = 0, x_2 = 0)$

$$\begin{cases} 8 \cdot 0 & +6 \cdot 0 + x_3 & = 132 \\ 3 \cdot 0 & +5 \cdot 0 & +x_4 & = 66 \end{cases}$$

より，
$$x_3 = 132, x_4 = 66$$
となる．

$$(x_1, x_2, x_3, x_4) = (0, 0, 132, 66)$$

実行基底解

以下同様に

点 **A** $(x_1 = 0, x_4 = 0)$

$$ (x_1, x_2, x_3, x_4) = \left(0, \frac{66}{5}, \frac{264}{5}, 0\right) $$

実行基底解

点 B $\quad (x_3 = 0, x_4 = 0)$

$$ (x_1, x_2, x_3, x_4) = (12, 6, 0, 0) $$

実行基底解

点 C $\quad (x_2 = 0, x_3 = 0)$

$$ (x_1, x_2, x_3, x_4) = \left(\frac{33}{2}, 0, 0, \frac{33}{2}\right) $$

実行基底解

点 D $\quad (x_1 = 0, x_3 = 0)$

$$ (x_1, x_2, x_3, x_4) = (0, 22, 0, -44) $$

非実行基底解

点 E $\quad (x_2 = 0, x_4 = 0)$

$$ (x_1, x_2, x_3, x_4) = (22, 0, -44, 0) $$

非実行基底解

したがって

- 実行基底解は，O,A,B,C の 4 点，許容域の境界の頂点（端点）になっている．
- 非実行基底解は，D,E の 2 点

である．

このように実行基底解だけを選び出し，その中で目的関数を最大にするものを求めればよいことになる．

1.1.5 解法の考え方

① 最大を実現できる可能性のある点：可能性があるのは，制約条件から決まる領域の境界の角の点である．今回の例では，点 O, A, B, C の 4 点．

② 連立不等式から連立方程式へ：スラック変数 x_3, x_4 を導入することによ

り，連立不等式から連立方程式に変えることができる．明らかに連立不等式よりも連立方程式の方が扱いやすい．

連立不等式

$$\begin{cases} 8x_1 + 6x_2 \leqq 132 \\ 3x_1 + 5x_2 \leqq 66 \end{cases}$$

$\Rightarrow$

連立方程式

$$\begin{cases} 8x_1 + 6x_2 + x_3 = 132 \\ 3x_1 + 5x_2 + x_4 = 66 \end{cases}$$

③ **連立方程式の解**：式の数が 2 本，変数が 4 個なので，一般には 2 個は自由な値がとれる．そこで，**連立方程式の変数 2 個が 0 の解全体**を考えることにする．連立方程式の変数 2 個が 0 の解全体の中にはすべての変数（未知数）が非負となる解と一部の変数（未知数）が負の値となる解の 2 種類が存在する．前者の解を**実行基底解**と呼び，後者の解を**非実行基底解**と呼ぶ．

$\iff$

連立方程式

$$\begin{cases} 8x_1 + 6x_2 + x_3 = 132 \\ 3x_1 + 5x_2 + x_4 = 66 \end{cases}$$

の変数 x_1, x_2, x_3, x_4, x_5 の 2 個が 0 のときの解．

全部で ${}_4\mathrm{C}_2 = 6$ の解がある．4 個の**実行基底解** $x_1 = x_2 = 0$（点 O; $x_3 = 132, x_4 = 66$），$x_1 = x_4 = 0$（点 A; $x_2 = 66/5, x_3 = 264/5$），$x_3 = x_4 = 0$（点 B; $x_1 = 12, x_2 = 6$），$x_2 = x_3 = 0$（点 C; $x_1 = 33/2, x_4 = 33/2$）．2 個の**非実行基底解** $x_1 = x_3 = 0$（点 D; $x_2 = 22, x_4 = -44$），$x_2 = x_4 = 0$（点 E; $x_1 = 22, x_3 = -44$）．

④ **境界の角の点**：境界の角の点は，③の解の中の**実行基底解**になっている．

12　第1章　線形計画法

　　　　　領域の境界の角

　　⟺

　　　　　連立方程式
$$\begin{cases} 8x_1 + 6x_2 + x_3 = 132 \\ 3x_1 + 5x_2 + x_4 = 66 \end{cases}$$
　　　　　の変数 x_1, x_2, x_3, x_4 の2個が0で，その解が<u>実行基底解</u>
　　　　　となるもの．

　　⟺

　　　　　$x_1 = x_2 = 0$ (点 O; $x_3 = 132, x_4 = 66$), $x_1 = x_4 = 0$
　　　　　(点 A; $x_2 = 66/5, x_3 = 264/5$), $x_3 = x_4 = 0$ (点 B;
　　　　　$x_1 = 12, x_2 = 6$), $x_2 = x_3 = 0$ (点 C; $x_1 = 33/2, x_4 = 33/2$).

以上ことが分かれば，最大利潤を生む解を求めるのにグラフを描く必要はないことが分かる．実行基底解の中で最大利潤をもたらす解を求めればよいのであるが，どのようにそれを行うかを考えよう．

1.2　シンプレックス法

　前節の最後に述べたように，最も単純な方法としては，実行基底解を列挙して，その中で目的関数を最大にするものを調べればよい．

　しかしながら，全部の実行基底解を列挙するよりも，効率よく最適解にたどりつける方法がある．それが，**シンプレックス法**である．連立方程式を行列演算で解くという方法であり，ダンツィーク (G.B.Dantzig) によって開発された．

　一般的な形で言えば，次のような最大化問題の解法を扱うのである．

最大化問題

制約条件

$$\begin{cases} a_{11}x_1 + a_{12}x_2 + \cdots + a_{1n}x_n \leqq b_1 \\ a_{21}x_1 + a_{22}x_2 + \cdots + a_{2n}x_n \leqq b_2 \\ \cdots\cdots\cdots\cdots\cdots\cdots\cdots\cdots\cdots\cdots\cdots \\ a_{m1}x_1 + a_{m2}x_2 + \cdots + a_{mn}x_n \leqq b_m \end{cases}$$

のもとで，目的関数

$$z = f(x_1, x_2, \cdots, x_n) = c_1 x_1 + c_2 x_2 + \cdots + c_n x_n$$

を最大にするような変数 $x_1, x_2, \cdots, x_n \geqq 0$ の組と最大値を求めよ．

次節以降で，この方法を詳しく説明していくことにするが，ここでは，シンプレックス法では具体的にはどのように解くかを実際に見ていこう．前節ではグラフを用いて解いた例題1をもう一度，シンプレックス法で解いてみることにしよう．

[例題1のシンプレックス法による解]

1°. $x_1 = x, x_2 = y$ とおこう．目的関数は

$$z = f(x_1, x_2) = 5x_1 + 7x_2$$

制約条件を，等式にするために，スラック変数 x_3, x_4 を導入する．

$$\begin{cases} 8x_1 + 6x_2 + x_3 = 132 \\ 3x_1 + 5x_2 + x_4 = 66 \\ x_1, x_2, x_3, x_4 \geqq 0 \end{cases}$$

2°. まず，最初の実行基底解として，$(x_1, x_2, x_3, x_4) = (0, 0, 132, 66)$ がとれる．

3°. それを元に次の表を用いて，最適な解を求めることができる．この表を**シンプレックス表**と呼ぶ．

	$c_j \to$		5	7	0	0		
	↓	基底変数	x_1	x_2	x_3	x_4	定数項	θ
第1段	0	x_3	8	6	1	0	132	22
	0	x_4	3	5	0	1	66	**66/5** (非負最小)
		z_j	0	0	0	0	0	
		$c_j - z_j$	5	**7** (正最大)	0	0		
第2段	0	x_3	22/5	0	1	−6/5	264/5	**12** (非負最小)
	7	x_2	3/5	1	0	1/5	66/5	22
		z_j	21/5	7	0	7/5	462/5	
		$c_j - z_j$	**4/5** (正最大)	0	0	−7/5		
第3段	5	x_1	1	0	5/22	−3/11	**12**	
	7	x_2	0	1	−3/22	4/11	**6**	
		z_j	5	7	2/11	13/11	**102**	
		$c_j - z_j$	0	0	−2/11	−13/11		

注意 もし，θ の値を計算するときに，選ばれた変数の係数の中に 0 または，負のものがあれば，いくらでも大きい値がとれるということで ∞(無限大) と表すことにする．

4°． 実はこの表の第3段目の定数項に並んだ値が最適解と最適値になっているというのである．したがって，

> (答) $x = x_1 = 12$ 単位，$y = x_2 = 6$ 単位生産したとき，最大の利潤をあげることができて，その額は 102 万円である．

∎

 以上が，シンプレックス法での解法での流れである．
 ここでの説明だけでは，恐らく理解するには不十分であったかも知れない．次節ではこの表の書き方から説明していこう．

1.2 シンプレックス法

1.2.1 シンプレックス表の書き方

表の書き方と解説

① 第1行には c_j の値を書く

$c_j \to$	5	7	0	0		

＜第1段＞ ②〜⑤

② 一番簡単な点 O から始めよう

	$c_j \to$		5	7	0	0		
	$\downarrow$	基底変数	x_1	x_2	x_3	x_4	定数項	θ
第1	0	x_3	8	6	1	0	132	
	0	x_4	3	5	0	1	66	

$$\begin{cases} 8x_1 + 6x_2 + x_3 = 132 \\ 3x_1 + 5x_2 + x_4 = 66 \end{cases}$$

- 基底変数 (0 とおいた x_1, x_2 以外の変数)x_3, x_4 を基底変数の欄に記入.
- その左の欄に,対応する c_3, c_4 の値を書く.
- 制約条件の方程式の <u>左辺</u> の各変数係数を $x_1\ x_2\ x_3\ x_4$ の欄に記入.次に,制約条件の方程式の <u>右辺</u> の値を定数項の欄に書く.

改良できるかどうかの判定：③,④

③ z, z_j を求める

	$c_j \to$		5	7	0	0		
	$\downarrow$	基底変数	x_1	x_2	x_3	x_4	定数項	θ
第1	0	x_3	8	6	1	0	132	
	0	x_4	3	5	0	1	66	
		z_j	0	0	0	0	0	

z は目的関数の値, z_1, z_2, z_3, z_4 は次の計算方法で表される値とする.

$c_j \to$		5	7	0	0		
↓	基底変数	x_1	x_2	x_3	x_4	定数項	θ
c_3	x_3	a_{11}	a_{21}	a_{31}	a_{41}	b_1	
c_4	x_4	a_{12}	a_{22}	a_{32}	a_{42}	b_2	
	z_j	z_1	z_2	z_3	z_4	z	

$$z_1 = c_3 \cdot a_{11} + c_4 \cdot a_{12} = 0 \cdot 8 + 0 \cdot 3 = 0$$
$$z_2 = c_3 \cdot a_{21} + c_4 \cdot a_{22} = 0 \cdot 6 + 0 \cdot 5 = 0$$
$$z_3 = c_3 \cdot a_{31} + c_4 \cdot a_{32} = 0 \cdot 1 + 0 \cdot 0 = 0$$
$$z_4 = c_3 \cdot a_{41} + c_4 \cdot a_{42} = 0 \cdot 0 + 0 \cdot 1 = 0$$
$$z = c_3 \cdot b_1 + c_4 \cdot b_2 = 0 \cdot 132 + 0 \cdot 66 = 0$$

④ $c_j - z_j$ を計算して, 正の最大数を選ぶ

	$c_j \to$		5	7	0	0		
	↓	基底変数	x_1	x_2	x_3	x_4	定数項	θ
第1段	0	x_3	8	6	1	0	132	
	0	x_4	3	5	0	1	66	
		z_j	0	0	0	0	0	
		$c_j - z_j$	5	7 (正最大)	0	0		

$$c_1 - z_1 = 5 - 0 = 5 \quad c_2 - z_2 = 7 - 0 = 7$$
$$c_3 - z_3 = 0 - 0 = 0 \quad c_4 - z_4 = 0 - 0 = 0$$

となるので, x_2 の列の $c_2 - z_2 = 7$ が 正の最大 である.

注意

最小化問題 のときは, 負の最小数 を選ぶ.

改良する変数と変形：⑤,⑥

⑤ θ を計算して，非負最小数を選ぶ

	$c_j \to$		5	7	0	0		
		↓ 基底変数	x_1	x_2	x_3	x_4	定数項	θ
第	0	x_3	8	6	1	0	132	22
1	0	x_4	3	5	0	1	66	**66/5**(非負最小)
段		z_j	0	0	0	0	0	
		$c_j - z_j$	5	**7**(正最大)	0	0		

定数項を x_2 の列の値で割ったものを θ の欄に書き込み，非負最小のものを選ぶ．

$$132 \div 6 = 22$$
$$66 \div 5 = 66/5$$

$66 \div 5 = 66/5$ が非負最小である．

＜第2段＞

⑥ 基底変数の取り替えとピボット演算

	$c_j \to$		5	7	0	0		
		↓ 基底変数	x_1	x_2	x_3	x_4	定数項	θ
第	0	x_3	22/5	0	1	$-6/5$	264/5	
2	7	x_2	3/5	1	0	1/5	66/5	

(1) 2番目の式の基底変数と c_i を変える．
 ● 基底変数を x_4 から x_2 に変える．
 ● c_i の欄の値 $c_4 = 0$ を $c_2 = 7$ に変える．

	↓ 基底変数	x_1	x_2	x_3	x_4	定数項	θ
0	x_3	8	6	1	0	132	
7	$\boldsymbol{x_2}$	3	**5**	0	1	66	

(2) ピボット演算 2番目の式の x_2 の係数が1になるように,式全体を5で割る.

↓	基底変数	x_1	x_2	x_3	x_4	定数項	θ
0	x_3	8	6	1	0	132	
7	x_2	**3/5**	**1**	**0**	**1/5**	**66/5**	

(3) 1式の x_2 の係数が0になるように,で計算する.

$$(1式) - (2式) \times 6$$

↓	基底変数	x_1	x_2	x_3	x_4	定数項	θ
0	x_3	8 $-\frac{3}{5} \cdot 6$	6 $-1 \cdot 6$	1 $-0 \cdot 6$	0 $-1/5 \cdot 6$	132 $-\frac{66}{5} \cdot 6$	
7	x_2	3/5	1	0	1/5	66/5	

改良できるかどうかの判定 (③〜④の繰り返し): ⑦,⑧

⑦ z, z_j を求める

	$c_j \to$		5	7	0	0		
	↓	基底変数	x_1	x_2	x_3	x_4	定数項	θ
第	0	x_3	22/5	0	1	$-6/5$	264/5	
2	7	x_2	3/5	1	0	1/5	66/5	
段		z_j	**21/5**	**7**	**0**	**7/5**	**462/5**	

z_1, z_2, z_3, z_4, z の計算方法は③と同じである.

$$z_1 = c_3 \cdot a_{11} + c_2 \cdot a_{12} = 0 \cdot 22/5 + 7 \cdot 3/5 = 21/5$$

$$z_2 = c_3 \cdot a_{21} + c_2 \cdot a_{22} = 0 \cdot 0 + 7 \cdot 1 = 7$$

$$z_3 = c_3 \cdot a_{31} + c_2 \cdot a_{32} = 0 \cdot 1 + 7 \cdot 0 = 0$$

$$z_4 = c_3 \cdot a_{41} + c_2 \cdot a_{42} = 0 \cdot (-6/5) + 7 \cdot 1/5 = 7/5$$

$$z = c_3 \cdot b_1 + c_2 \cdot b_2 = 0 \cdot 264/5 + 7 \cdot 66/5 = 462/5$$

⑧ $c_j - z_j$ を計算して，正の最大数を選ぶ

	$c_j \to$		5	7	0	0		
	↓	基底変数	x_1	x_2	x_3	x_4	定数項	θ
第	0	x_3	22/5	0	1	−6/5	264/5	
2	7	x_2	3/5	1	0	1/5	66/5	
段		z_j	21/5	7	0	7/5	462/5	
		$c_j - z_j$	4/5(正最大)	0	0	−7/5		

$$c_1 - z_1 = 5 - 21/5 = 4/5$$
$$c_2 - z_2 = 7 - 7 = 0$$
$$c_3 - z_3 = 0 - 0 = 0$$
$$c_4 - z_4 = 0 - 7/5 = -7/5$$

となるので，x_1 の列の $c_1 - z_1 = 4/5$ が正の最大である．

改良する変数と変形：⑨,⑩

⑨ θ を計算して，非負最小数を選ぶ

	$c_j \to$		5	7	0	0		
	↓	基底変数	x_1	x_2	x_3	x_4	定数項	θ
第	0	x_3	22/5	0	1	−6/5	264/5	**12(非負最小)**
2	7	x_2	3/5	1	0	1/5	66/5	22
段		z_j	21/5	7	0	7/5	462/5	
		$c_j - z_j$	**4/5(正最大)**	0	0	−7/5		

定数項を x_1 の列の値で割ったものを θ の欄に書き込み，非負最小のものを選ぶ．

$$264/5 \div 22/5 = 12$$
$$66/5 \div 3/5 = 22$$

$264/5 \div 22/5 = 12$ が非負最小である．

<第3段>

⑩ **基底変数の取り替えとピボット演算**

$c_j \to$		5	7	0	0		
↓	基底変数	x_1	x_2	x_3	x_4	定数項	θ
第 5	x_1	1	0	5/22	$-3/11$	12	
3 7	x_2	0	1	$-3/22$	4/11	6	

(1) 2 番目の式の基底変数と c_i を変える.

- 基底変数を x_3 から x_1 に変える.
- c_i の欄の値 $c_3 = 0$ を $c_1 = 5$ に変える.

↓	基底変数	x_1	x_2	x_3	x_4	定数項	θ
5	$\boldsymbol{x_1}$	22/5	0	1	$-6/5$	264/5	
7	x_2	3/5	1	0	1/5	66/5	

(2) **ピボット演算** 1 番目の式の x_1 の係数が 1 になるように,式全体を 22/5 で割る.

↓	基底変数	x_1	x_2	x_3	x_4	定数項	θ
5	x_1	**1**	**0**	**5/22**	$\boldsymbol{-3/11}$	**12**	
7	x_2	3/5	1	0	1/5	66/5	

(3) 2 式の x_1 の係数が 0 になるように式変形,で計算する.

$$（2式） - （1式） \times 3/5$$

↓	基底変数	x_1	x_2	x_3	x_4	定数項	θ
5	x_1	1	0	5/22	$-3/11$	12	
7	x_2	**3/5**	**1**	**0**	**1/5**	**66/5**	
		$-1 \cdot \frac{3}{5}$	$-0 \cdot \frac{3}{5}$	$-\frac{5}{22} \cdot \frac{3}{5}$	$+\frac{3}{11} \cdot \frac{3}{5}$	$-12 \cdot \frac{3}{5}$	

改良できるかどうかの判定（③〜④の繰り返し）：⑪,⑫

⑪ z, z_j を求める

		$c_j \to$	5	7	0	0		
		↓ 基底変数	x_1	x_2	x_3	x_4	定数項	θ
第	5	x_1	1	0	5/22	−3/11	12	
3	7	x_2	0	1	−3/22	4/11	6	
段		z_j	5	7	2/11	13/11	102	

z_1, z_2, z_3, z_4, z の計算方法は③と同じである．

$$z_1 = c_1 \cdot a_{11} + c_2 \cdot a_{12} = 5 \cdot 1 + 7 \cdot 0 = 5$$

$$z_2 = c_1 \cdot a_{21} + c_2 \cdot a_{22} = 5 \cdot 0 + 7 \cdot 1 = 7$$

$$z_3 = c_1 \cdot a_{31} + c_2 \cdot a_{32} = 5 \cdot 5/22 + 7 \cdot (-3/22) = 2/11$$

$$z_4 = c_1 \cdot a_{41} + c_2 \cdot a_{42} = 5 \cdot (-3/11) + 7 \cdot 4/11 = 13/11$$

$$z = c_1 \cdot b_1 + c_2 \cdot b_2 = 5 \cdot 12 + 7 \cdot 6 = 102$$

⑫ $c_j - z_j$ を計算して，正の最大数を選ぶ

		$c_j \to$	5	7	0	0		
		↓ 基底変数	x_1	x_2	x_3	x_4	定数項	θ
第	5	x_1	1	0	5/22	−3/11	12	
3	7	x_2	0	1	−3/22	4/11	6	
段		z_j	5	7	2/11	13/11	102	
		$c_j - z_j$	**0**	**0**	**−2/11**	**−13/11**		

$$c_1 - z_1 = 5 - 5 = 0$$

$$c_2 - z_2 = 7 - 7 = 0$$

$$c_3 - z_3 = 0 - 2/11 = -2/11$$

$$c_4 - z_4 = 0 - 13/11 = -13/11$$

となるので，すべての値が 0 または負である．これ以上改良できない．

<終了>

1.2.2 シンプレックス法の解法の手順

前節で解説したシンプレックス表の解き方で，なぜ解が見つかるのかを解説しよう．

① **1つの実行基底解**から始める．どの実行基底解から出発してもよい．そこで，一番計算の簡単な実行基底解を表す点 O から始めよう．

$$\begin{cases} 8x_1 + 6x_2 + x_3 = 132 \\ 3x_1 + 5x_2 + x_4 = 66 \end{cases}$$

で $x_1 = x_2 = 0$ とおくと，すぐに

$$\begin{cases} 0 + x_3 = 132 \\ 0 + x_4 = 66 \end{cases}$$

と解が求められる．$(x_1, x_2, x_3, x_4) = (0, 0, 132, 66)$．各変数の値が非負なので，実行基底解である．

② **この解より利潤の大きい解を求める**：点 O 以外の点に移るには，$x_1 = x_2 = 0$ の変数（非基底変数）の1個を基底変数に変え，x_3, x_4 の変数（基底変数）の1個を0にして，別な実行基底解に移る．問題はどれにするかであるが，利潤率のよいものにしたい．それが $c_j - z_j$ で計ることができる．

x_1 を $+1$ だけ増やした場合

- **増加分**：利潤 $f(x_1, x_2) = 5x_1 + 7x_2$ は x_1 の係数分 $c_1 = 5$ だけ増える．
- **減少分**：一方で，x_1 を $+1$ だけ増やすと，各等式が成り立つために，その分他の変数の値を減らさなくてはならない．$x_2 = 0$ なので，

$$8(x_1 + 1) + 6x_2 + (x_3 - 8) = 132$$
$$3(x_1 + 1) + 5x_2 + (x_4 - 3) = 66$$

したがって，

$$x_3 \text{は} 8, x_4 \text{は} 3$$

減少する．したがって，利潤は $z_1 = c_3 \cdot 8 + c_4 \cdot 3 = 0$ だけ値が減少する．

結局，$c_1 - z_1 = 5 - 0 > 0$ となり，**利潤が増えることになる**．

x_2 を $+1$ だけ増やした場合

- **増加分**：利潤 $f(x_1, x_2) = 5x_1 + 7x_2$ は x_2 の**係数分** $c_2 = 7$ だけ増える．

- **減少分**：一方で，x_2 を $+1$ だけ増やすと，各等式が成り立つために，その分他の変数の値を減らさなくてはならない．$x_1 = 0$ なので，

$$8x_1 + 6(x_2+1) + (x_3 - \mathbf{6}) = 132$$
$$3x_1 + 5(x_2+1) + (x_4 - \mathbf{5}) = 66$$

したがって，

$$x_3 \text{ は } 6,\ x_4 \text{ は } 5$$

減少する．したがって，利潤は $z_2 = c_3 \cdot 6 + c_4 \cdot 5 = 0$ だけ値が減少する．

結局，$c_2 - z_2 = 7 - 0 > 0$ となり，**利潤が増えることになる**．

③ 他の変数でもやってみる：

x_3, x_4 はこれ以上増やすことができないが，<u>形式的に</u> あえて，$+1$ だけ増やしてみる．そうすると同時に -1 だけ減らすことになる．<u>形式的に</u> 利益の増加分と減少分を計算する．

<u>x_3 を $+1$ だけ増やした場合</u>

- **増加分**：利潤 $f(x_1, x_2) = 5x_1 + 7x_2 + 0x_3 + 0x_4$ は x_3 の係数 $c_3 = 0$ だけ増える．

- **減少分**：一方で，x_3 を $+1$ だけ増やすと，各等式が成り立つために，他の変数の値 x_1, x_2 は 0 なのでこれ以上減らせないので，x_3 自身から減らさなくてはならない．

$$8x_1 + 6x_2 + (x_3 + 1 - \mathbf{1}) = 132$$
$$3x_1 + 5x_2 + x_4 = 66$$

したがって，

$$x_3 \text{ は } 1,$$

減少する．したがって，利潤は $z_3 = c_3 \cdot 1 = 0$ だけ値が減少する．結局，$c_3 - z_3 = 0$ となる．

<u>x_4 を $+1$ だけ増やした場合</u>

- 増加分：利潤 $f(x_1, x_2) = 5x_1 + 7x_2 + 0x_3 + 0x_4$ は x_4 の**係数** $c_4 = 0$ だけ増える．
- 減少分：一方で，x_4 を $+1$ だけ増やすと，各等式が成り立つために，他の変数の値 x_1, x_2 は 0 なのでこれ以上減らせないので，x_4 自身から減らさなくてはならない．

$$8x_1 + 6x_2 + x_3 = 132$$
$$3x_1 + 5x_2 + (x_4 + 1 \boldsymbol{-1}) = 66$$

したがって，

$$x_4 \text{は } 1,$$

減少する．したがって，利潤は $z_4 = c_4 \cdot 1 = 0$ だけ値が減少する．結局，$c_4 - z_4 = 0$ となる．

そうして，一番利潤率のいいもの，つまり**最大の正数**を選ぶ．今回は x_2 を増やしたらいいことが分かる．

④ **どの位増やすか？** 基底変数の値が 0 になるまで x_2 を増やす．今回は各原料を使い切るところまで増やすことになる．$x_3 = 132$, $x_4 = 66$ であるから

$$8x_1 + 6(x_2 + \boldsymbol{22}) + (x_3 - \boldsymbol{132}) = 132$$
$$3x_1 + 5\left(x_2 + \frac{\boldsymbol{66}}{\boldsymbol{5}}\right) + (x_4 - \boldsymbol{66}) = 66$$

つまり，

$$x_2 = \theta = 132/6 = 22$$
$$x_2 = \theta = 66/5$$

がそれぞれ $x_3 = 0$, $x_4 = 0$ となるための x_2 の最大の値になる．しかし，もし $x_2 = 22$ を選ぶと，そのとき $x_4 = -44$ と負の値になる．基底変数が**負**にならないために，すなわち原料が足りなくならないために，x_2 と

しては，非負最小数を選択しないといけない．ここでは $x_2 = \mathbf{66/5}$ となる．このとき，$x_4 = 0$ となるので，この x_4 が新しく非基底変数になり，代わって x_2 が**基底変数**になる．

⑤ **対応する境界の角**：連立1次方程式の解を求めれば分かる．そのためにピボット演算を行うと右辺には自動的に対応する基底変数の値が表示される．

$$\begin{cases} 8x_1 & +6x_2 + x_3 & +0 & = 132 & (1) \\ 3x_1 & +5x_2 + 0 & +x_4 & = 66 & (2) \end{cases}$$

→ $(2) \div 5$

$$\begin{cases} 8x_1 & +6x_2 + x_3 & +0 & = 132 & (1) \\ \frac{3}{5}x_1 & +x_2 + 0 & +\frac{1}{5}x_4 & = \frac{66}{5} & (3) \end{cases}$$

→ $(1) - (3) \times 6$

$$\begin{cases} \frac{22}{5}x_1 & +0 + x_3 & -\frac{6}{5}x_4 & = \frac{264}{5} & (4) \\ \frac{3}{5}x_1 & +x_2 + 0 & +\frac{1}{5}x_4 & = \frac{66}{5} & (3) \end{cases}$$

$\boldsymbol{x_1 = 0, x_4 = 0}$ であるので

$$\begin{cases} 0 & +0 + x_3 & -0 & = \frac{264}{5} & (4) \\ 0 & +x_2 + 0 & +0 & = \frac{66}{5} & (3) \end{cases}$$

$(x_1, x_2, x_3, x_4) = (0, 66/5, 264/5, 0)$ は点 A．これは非負の解なので，実行基底解である．

⑥ **さらに利潤を増やせるか？**

ステップ②から③を繰り返し，もしさらに利潤が増やせるように改良できるなら，ステップ④から⑤に進むことにする．

注意 上記は最大化問題だったので，$c_j - z_j$ の中で，**正の最大数**を選んだが，最小化問題の場合には，逆に，**負の最小数**が選ばれることになる．

1.2.3 シンプレックス法演習

演習 2 ある工場で，3つの製品 A, B, C を作っている．それぞれの製品 1 単位を生産するのに製品 A は，原料 I が 2kg　原料 II が 4kg, 製品 B は，原料 I が 2kg　原料 II が 2kg, 製品 C は，原料 I が 3kg　原料 II が 1kg が必要であるとする．いま，使用できる原料の限度は，原料 I が 40kg, 原料 II が 60kg であるとする．1 単位についての利潤は，A が 4 万円，B が 2 万円，C が 3 万円であるとする．このとき，A, B, C をどれだけ生産することにしたら最大の利潤を得ることができるであろうか？

上の問題を以下の手順で答えよ．

問 1. 次の表の形に整理せよ．

原料＼製品	A	B	C	使用可能量
I				
II				
利潤 (万円)				

問 2. 製品 A を x_1 単位，製品 B を x_2 単位，製品 C を x_3 単位 だけ生産することにする．

(1) このとき，利潤 (目的関数) は ☐ (万円) である．

(2) 原料の使用可能量が決まっているという制約から，次の不等式が得られる．

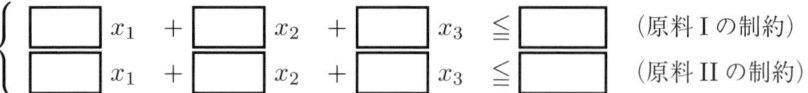

$$\begin{cases} \Box x_1 + \Box x_2 + \Box x_3 \leq \Box & \text{(原料 I の制約)} \\ \Box x_1 + \Box x_2 + \Box x_3 \leq \Box & \text{(原料 II の制約)} \end{cases}$$

問 3. スラック変数 ☐ を導入すると，問 2 の (2) の不等式は，次の等式になる．

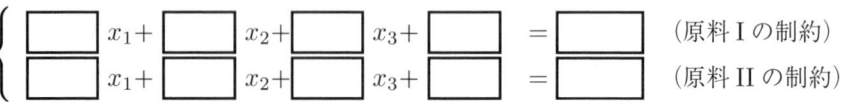

$$\begin{cases} \Box x_1 + \Box x_2 + \Box x_3 + \Box = \Box & \text{(原料 I の制約)} \\ \Box x_1 + \Box x_2 + \Box x_3 + \Box = \Box & \text{(原料 II の制約)} \end{cases}$$

問 4. シンプレックス表を完成させ，最大利潤になる場合の製品 A, B, C の生産量を決定せよ．その時の最大利潤も求めよ．

	$c_j \to$			定数項	θ
	$\downarrow$ 基底変数				
第1段					
	z_j				
	$c_j - z_j$				
第2段					
	z_j				
	$c_j - z_j$				
第3段					
	z_j				
	$c_j - z_j$				

(答) 製品 A を $x_1 =$ _____ 単位,製品 B を $x_2 =$ _____ 単位,製品 C を $x_3 =$ _____ 単位生産したとき,最大の利潤をあげることができて,その額は _____ 万円である.

1.3 罰金法

ここでは，例題2の 最小化問題 を考えてみよう．

> **例題 2** 3つの食品から2種類の栄養素 A, B を摂取することにした．食品 P 1単位には，栄養素 A が 3g, 栄養素 B が 4g 含まれており，食品 Q 1単位には，栄養素 A が 2g, 栄養素 B が 6g 含まれており，食品 R 1単位には，栄養素 A が 6g, 栄養素 B が 3g 含まれているとする．食品 P, Q, R の1単位の値段はそれぞれ5百円，4百円，6百円であるとする．最低でも栄養素 A は 8g, 栄養素 B は 10 g 摂取しなければいけないとする．このとき，費用が最小になるには3つの食品をどのように使うのがよいか求めよ．

[説明] まず，表に表そう．

栄養素＼食品	P	Q	R	最低摂取量
A	3	2	6	8
B	4	6	3	10
1単位の値段 (百円)	5	4	6	

食品 P を x_1 単位，食品 Q を x_2 単位，食品 R を x_3 単位 だけ購入することにする．

このとき，費用を表す目的関数は $f(x_1, x_2, x_3) = 5x_1 + 4x_2 + 6x_3$ (百円) である．また，栄養素の最低摂取量が決まっているという制約から，次の不等式が得られる．

$$\begin{cases} 3x_1 + 2x_2 + 6x_3 \geqq 8 & （栄養素 A の制約）\\ 4x_1 + 6x_2 + 3x_3 \geqq 10 & （栄養素 B の制約）\end{cases}$$

つまり，

$$\begin{cases} 3x_1 + 2x_2 + 6x_3 \geqq 8 \\ 4x_1 + 6x_2 + 3x_3 \geqq 10 \\ x_1, x_2, x_3 \geqq 0 \end{cases}$$

の下で，目的関数

$$z = f(x_1, x_2, x_3) = 5x_1 + 4x_2 + 6x_3$$

を最小にするような x_1, x_2, x_3 を求めよ．

という問題になる．

さて，スラック変数を導入して不等式を等式にする．ところが，今回は左辺の方が大きいので，スラック変数 $x_4, x_5 \geqq 0$ を左辺から引くことになる点が最大化問題の場合とは異なる．

$$3x_1 + 2x_2 + 6x_3 - x_4 = 8$$
$$4x_1 + 6x_2 + 3x_3 - x_5 = 10$$

最初の簡単な実行基底解として，$x_1 = 0, x_2 = 0, x_3 = 0$ を選びたいところだが，この問題では $x_4 = -8, x_5 = -10$ となる．$x_4, x_5 \geqq 0$ に反することになり，実行基底解にはならない．これが最大化問題とは大きく異なる点である．

1.3.1 人為変数

最初の実行基底解を見つけるために，次のような工夫をしよう．**人為変数**と呼ばれる，新たな変数 $x_6, x_7 \geqq 0$ を導入する．

$$3x_1 + 2x_2 + 6x_3 - x_4 + x_6 = 8$$
$$4x_1 + 6x_2 + 3x_3 - x_5 + x_7 = 10$$

こうすれば，最初の実行基底解が求められる．つまり，$x_1 = x_2 = x_3 = x_4 = x_5 = 0$ とおくと，

$$x_6 = \mathbf{8}$$
$$x_7 = \mathbf{10}$$

となる．$x_6, x_7 \geqq 0$ を満たしているので，

$$(x_1, x_2, x_3, x_4, x_5, x_6, x_7) = (0, 0, 0, 0, 0, 8, 10)$$

は**実行基底解**となる．

しかし，ここで求めた，$(x_1, x_2, x_3) = (0, 0, 0)$ は，もともとの問題

$$5x_1 + 4x_2 + 6x_3 \to 最小化$$

$$制約条件：\begin{cases} 3x_1 + 2x_2 + 6x_3 \geqq 8 \\ 4x_1 + 6x_2 + 3x_3 \geqq 10 \\ x_1, x_2, x_3 \geqq 0 \end{cases}$$

の制約条件を満たさない．

人為変数を導入して無理矢理最初の実行基底解を導いた．けれども，もともとの方程式の解にはなっていない．しかしながら，最終的には，

$$人為変数の関与しない解 = \{\boldsymbol{x_6 = x_7 = 0}となる解\}$$

にもちこむ必要がある．どうすればよいのだろうか？ そのために，目的関数の x_6, x_7 の係数に 大きい正数M を課しておくことにする．そうすると，もし，$x_6 > 0$，あるいは，$x_7 > 0$ だとすると，係数の M によって，目的関数の値は，大きな正数になってしまう．したがって，最小解では $x_6 = x_7 = 0$ とならざるをえないので，x_6, x_7 の影響がなくなるという仕組みである．この M は罰金 (penalty) の役割を果たすと解釈することができる．すなわち，罰金を課すことによりにより，罰金を支払わない方向，$x_6 = x_7 = 0$ に向かわせるという作用がある．

以上より，例題 2 の解を求めるには，次の線形計画問題を解けばよいことになる．

1.3 罰金法

（罰金法による線形計画問題の形）

$$\begin{cases} 3x_1 + 2x_2 + 6x_3 - x_4 + x_6 = 8 \\ 4x_1 + 6x_2 + 3x_3 - x_5 + x_7 = 10 \\ x_1, x_2, x_3, x_4, x_5, x_6, x_7 \geqq 0 \end{cases}$$

の下で，目的関数

$$z = f(x_1, x_2, x_3) = 5x_1 + 4x_2 + 6x_3 + Mx_6 + Mx_7$$

を最小にするような x_1, x_2, x_3 を求めよ．

[例題2の罰金法による解] 上記の問題をシンプレックス法で解こう．目的関数を最小にする解を求めるので，目的関数の値が小さくなる解に改良していくことになる．したがって，シンプレックス表において，$c_j - z_j$ が**負の最小数**を選ぶことになる．この点が最大化問題の場合と異なる．

	$c_j \to$		5	4	6	0	0	M	M		
	↓	基底変数	x_1	x_2	x_3	x_4	x_5	x_6	x_7	定数項	θ
第	M	x_6	3	2	6	-1	0	1	0	8	**4/3** (非負最小)
1	M	x_7	4	6	3	0	-1	0	1	10	10/3
段		z_j	$7M$	$8M$	$9M$	$-M$	$-M$	M	M	$18M$	
		$c_j - z_j$	$5-7M$	$4-8M$	$\mathbf{6-9M}$ (負最小)	M	M	0	0		
第	6	x_3	1/2	1/3	1	$-1/6$	0	1/6	0	4/3	4
2	M	x_7	5/2	5	0	1/2	-1	$-1/2$	1	6	**6/5** (非負最小)
段		z_j	$3+\frac{5}{2}M$	$2+5M$	6	$-1+\frac{M}{2}$	$-M$	$1-\frac{1}{2}M$	M	$8+6M$	
		$c_j - z_j$	$2-\frac{5}{2}M$	$\mathbf{2-5M}$ (負最小)	0	$1-\frac{M}{2}$	M	$-1+\frac{3}{2}M$	0		
第	6	x_3	1/3	0	1	$-1/5$	1/15	1/5	$-1/15$	14/15	
3	4	x_2	1/2	1	0	1/10	$-1/5$	$-1/10$	1/5	6/5	
段		z_j	4	4	6	$-4/5$	$-2/5$	4/5	2/5	**52/5**	
		$c_j - z_j$	1	0	0	4/5	2/5	$M-\frac{4}{5}$	$M-\frac{2}{5}$		

(**答**) 食品 P を使わずに，食品 Q を 6/5 単位，食品 R を 14/15 単位使用するときが最小費用で，その金額は 52/5 百円，つまり 1040 円となる．

■

罰金法の手順のまとめ

① **元の問題**

$$5x_1 + 4x_2 + 6x_3 \to 最小化$$

$$制約条件 : \begin{cases} 3x_1 + 2x_2 + 6x_3 \geq 8 \\ 4x_1 + 6x_2 + 3x_3 \geq 10 \\ x_1, x_2, x_3 \geq 0 \end{cases}$$

② **スラック変数を導入．** 等式にするために，スラック変数 x_4, x_5 を導入して左辺からひこう．

$$\begin{cases} 5x_1 + 4x_2 + 6x_3 & \to 最小化 \\ 3x_1 + 2x_2 + 6x_3 & -x_4 & = 8 \\ 4x_1 + 6x_2 + 3x_3 & -x_5 & = 10 \\ x_1, x_2, x_3, x_4, x_5 \geq 0 \end{cases}$$

③ **人為変数を導入．** スラック変数に追加して，人為変数 x_6, x_7 を導入する．

$$\begin{cases} 5x_1 + 4x_2 + 6x_3 & \to 最小化 \\ 3x_1 + 2x_2 + 6x_3 & -x_4 & +x_6 & = 8 \\ 4x_1 + 6x_2 + 3x_3 & -x_5 & +x_7 & = 10 \\ x_1, x_2, x_3, x_4, x_5, \; x_6, \; x_7 \geq 0 \end{cases}$$

④ **罰金を課す．**

$$\begin{cases} 5x_1 + 4x_2 + 6x_3 + Mx_6 + Mx_7 & \to 最小化 \\ 3x_1 + 2x_2 + 6x_3 & -x_4 & +x_6 & = 8 \\ 4x_1 + 6x_2 + 3x_3 & -x_5 & +x_7 & = 10 \\ x_1, x_2, x_3, x_4, x_5, & x_6, \; x_7 & \geq 0 \end{cases}$$

最後の問題をシンプレックス法で解けばよい．

1.3.2 罰金法演習

演習 3 3つの食品から2種類の栄養素 A, B を摂取することにした．食品 P 1 単位には，栄養素 A が 4g, 栄養素 B が 2g 含まれており，食品 Q 1 単位には，栄養素 A が 4g, 栄養素 B が 3g 含まれており，食品 R 1 単位には，栄養素 A が 3g, 栄養素 B が 4g 含まれているとする．食品 P, Q, R の 1 単位の値段はそれぞれ 6 百円，3 百円，3 百円であるとする．最低でも栄養素 A は 11g, 栄養素 B は 10g 摂取しなければいけないとする．このとき，費用が最小になるには 3 つの食品をどのように使うのがよいか求めよ．

上の問題を以下の手順で答えよ．

問 1. 次の表を完成させよ．

栄養素＼食品	P	Q	R	最低摂取量
A				
B				
1 単位の値段 (百円)				

問 2. 食品 P を y_1 単位，食品 Q を y_2 単位，食品 R を y_3 単位 だけ購入することにする．

(1) このとき，費用は ☐ (百円) である．

(2) 栄養素の最低摂取量が決まっているという制約から，次の不等式が得られる．

$$\begin{cases} \Box\, y_1 + \Box\, y_2 + \Box\, y_3 \geqq \Box & (栄養素\ A\ の制約) \\ \Box\, y_1 + \Box\, y_2 + \Box\, y_3 \geqq \Box & (栄養素\ B\ の制約) \end{cases}$$

問 3. スラック変数 ☐ と人為変数 ☐ を導入する．

(1) このとき，罰金を課した費用 (目的関数) は ☐ (百円) である．

(2) 次の等式が成り立つ．

$$\begin{cases} \Box\, y_1 + \Box\, y_2 + \Box\, y_3 + \Box = \Box & (栄養素\ A\ の制約) \\ \Box\, y_1 + \Box\, y_2 + \Box\, y_3 + \Box = \Box & (栄養素\ B\ の制約) \end{cases}$$

問 4. シンプレックス表を完成させ，最小費用になる場合の食品 P, Q, R の購入量を決定せよ．その時の費用も求めよ．

		$c_j \to$				定数項	θ
		↓ 基底変数					
第1段							
		z_j					
		$c_j - z_j$					
第2段							
		z_j					
		$c_j - z_j$					
第3段							
		z_j					
		$c_j - z_j$					

(答) 食品 P を $y_1 = $ _____ 単位, 食品 Q を $y_2 = $ _____ 単位, 食品 R を $y_3 = $ _____ 単位購入したとき, 最小の費用であることが分かり, その額は _____ 百円である．

1.4 双対問題
1.4.1 双対定理

どんな線形計画問題にも必ずもう1つの線形計画問題を対応させることができる．どちらか一方を**主問題**と呼び，他方を**双対問題**と呼ぶ．主問題と双対問題の間には，**双対定理**と呼ばれる重要な定理が成立する．

ここでは，前節まで扱ってきた最大化問題を主問題と考えることにしよう．

$$
\text{主問題} \begin{cases} \sum_{j=1}^{n} c_j x_j \to \text{最大化} \\ \text{制約条件：} \\ \sum_{j=1}^{n} a_{1j} x_j \leqq b_1 \\ \cdots \\ \sum_{j=1}^{n} a_{mj} x_j \leqq b_m \\ x_1 \geqq 0, \cdots, x_n \geqq 0 \end{cases} \Longleftrightarrow \text{双対問題} \begin{cases} \sum_{i=1}^{m} b_i y_i \to \text{最小化} \\ \text{制約条件：} \\ \sum_{i=1}^{m} a_{i1} y_i \geqq c_1 \\ \cdots \\ \sum_{i=1}^{m} a_{in} y_i \geqq c_n \\ y_1 \geqq 0, \cdots, y_m \geqq 0 \end{cases}
$$

> **定理 1 (双対定理)** （1）主問題または双対問題のいずれか一方が有限の最適解を持てば，他方もまた有限の最適解を持ち，**主問題の最大値と双対問題の最小値は一致する**．
> （2）いずれか一方の目的関数の値が有界でないならば，他方も実行可能な解を持たない．

図式的な覚え方

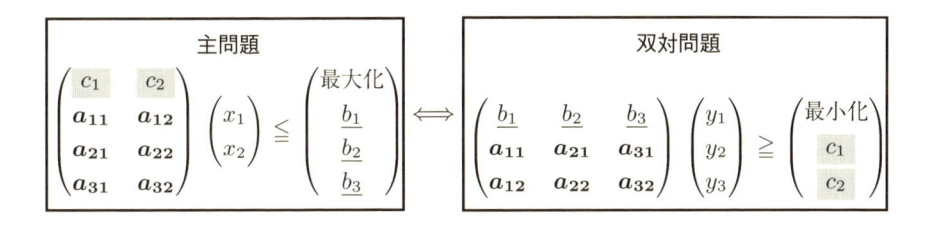

$$
\text{主問題} \begin{pmatrix} c_1 & c_2 \\ a_{11} & a_{12} \\ a_{21} & a_{22} \\ a_{31} & a_{32} \end{pmatrix} \begin{pmatrix} x_1 \\ x_2 \end{pmatrix} \leqq \begin{pmatrix} \text{最大化} \\ b_1 \\ b_2 \\ b_3 \end{pmatrix} \Longleftrightarrow \text{双対問題} \begin{pmatrix} b_1 & b_2 & b_3 \\ a_{11} & a_{21} & a_{31} \\ a_{12} & a_{22} & a_{32} \end{pmatrix} \begin{pmatrix} y_1 \\ y_2 \\ y_3 \end{pmatrix} \geqq \begin{pmatrix} \text{最小化} \\ c_1 \\ c_2 \end{pmatrix}
$$

双対問題から主問題に書き直すやり方を考えてみよう．

例題 4 双対問題

$$\begin{cases} 5y_1 + 4y_2 + 6y_3 \to \text{最小化} \\ \text{制約条件：} \\ 3y_1 + 2y_2 + 6y_3 \geqq 8 \\ 4y_1 + 6y_2 + 3y_3 \geqq 10 \\ y_1 \geqq 0, y_2 \geqq 0, y_3 \geqq 0 \end{cases}$$

を主問題に書き直せ．

[解] 次の図式で，双対問題から出発して矢印をたどって主問題に到達する．

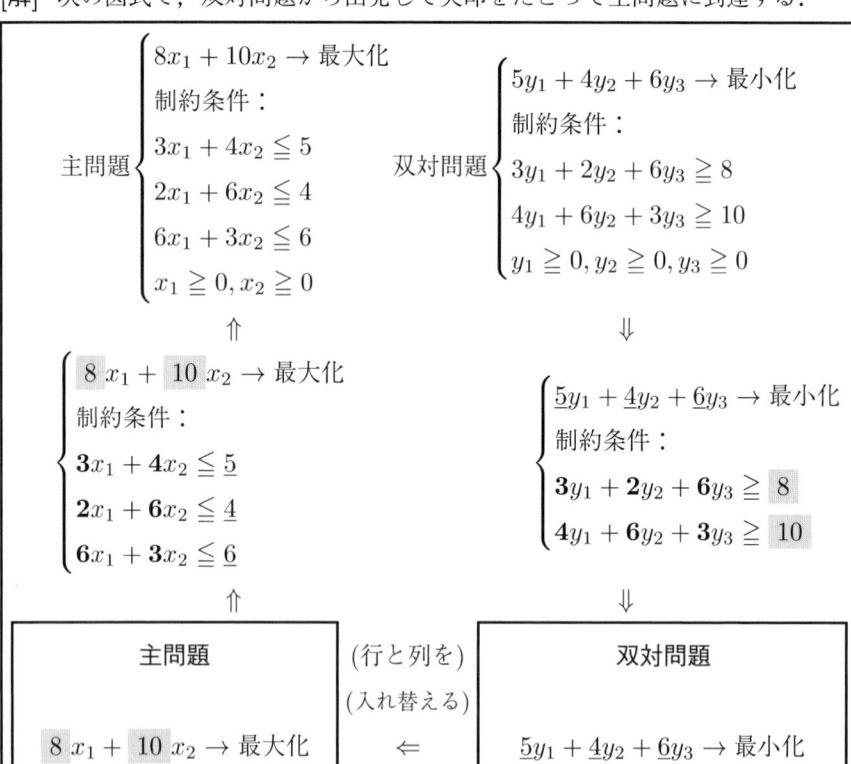

主問題 $\begin{cases} 8x_1 + 10x_2 \to \text{最大化} \\ \text{制約条件：} \\ 3x_1 + 4x_2 \leqq 5 \\ 2x_1 + 6x_2 \leqq 4 \\ 6x_1 + 3x_2 \leqq 6 \\ x_1 \geqq 0, x_2 \geqq 0 \end{cases}$ 双対問題 $\begin{cases} 5y_1 + 4y_2 + 6y_3 \to \text{最小化} \\ \text{制約条件：} \\ 3y_1 + 2y_2 + 6y_3 \geqq 8 \\ 4y_1 + 6y_2 + 3y_3 \geqq 10 \\ y_1 \geqq 0, y_2 \geqq 0, y_3 \geqq 0 \end{cases}$

$\Uparrow$ $\Downarrow$

$\begin{cases} \underline{8}\,x_1 + \underline{10}\,x_2 \to \text{最大化} \\ \text{制約条件：} \\ 3x_1 + 4x_2 \leqq \underline{5} \\ 2x_1 + 6x_2 \leqq \underline{4} \\ 6x_1 + 3x_2 \leqq \underline{6} \end{cases}$ $\begin{cases} \underline{5}y_1 + \underline{4}y_2 + \underline{6}y_3 \to \text{最小化} \\ \text{制約条件：} \\ 3y_1 + 2y_2 + 6y_3 \geqq \underline{8} \\ 4y_1 + 6y_2 + 3y_3 \geqq \underline{10} \end{cases}$

$\Uparrow$ $\Downarrow$

主問題

$\underline{8}\,x_1 + \underline{10}\,x_2 \to \text{最大化}$

$\begin{pmatrix} 3 & 4 \\ 2 & 6 \\ 6 & 3 \end{pmatrix} \begin{pmatrix} x_1 \\ x_2 \end{pmatrix} \leqq \begin{pmatrix} \underline{5} \\ \underline{4} \\ \underline{6} \end{pmatrix}$

$\Leftarrow$ （行と列を）（入れ替える）（目的関数の係数と右辺を取り替える）

双対問題

$\underline{5}y_1 + \underline{4}y_2 + \underline{6}y_3 \to \text{最小化}$

$\begin{pmatrix} 3 & 2 & 6 \\ 4 & 6 & 3 \end{pmatrix} \begin{pmatrix} y_1 \\ y_2 \\ y_3 \end{pmatrix} \geqq \begin{pmatrix} \underline{8} \\ \underline{10} \end{pmatrix}$

したがって，主問題は

(答)
$$\begin{cases} 8x_1 + 10x_2 \to 最大化 \\ 制約条件： \\ 3x_1 + 4x_2 \leqq 5 \\ 2x_1 + 6x_2 \leqq 4 \\ 6x_1 + 3x_2 \leqq 6 \\ x_1 \geqq 0, x_2 \geqq 0 \end{cases}$$

となる. ■

1.4.2 双対定理を使った解法例

罰金法で解いた例題2の <u>最小化問題</u> を再び取り上げよう.

例題 2 3つの食品から2種類の栄養素A, Bを摂取することにした. 食品P 1単位には, 栄養素Aが3g, 栄養素Bが4g含まれており, 食品Q 1単位には, 栄養素Aが2g, 栄養素Bが6g含まれており, 食品R 1単位には, 栄養素Aが6g, 栄養素Bが3g含まれているとする. 食品P, Q, Rの1単位の値段はそれぞれ5百円, 4百円, 6百円であるとする. 最低でも栄養素Aは8g, 栄養素Bは10g摂取しなければいけないとする. このとき, 費用が最小になるには3つの食品をどのように使うのがよいか求めよ.

[解]

栄養素＼食品	P	Q	R	最低摂取量
A	3	2	6	8
B	4	6	3	10
1単位の値段 (百円)	5	4	6	

3つの食品P, Q, Rをそれぞれ y_1, y_2, y_3 単位使うとする.

$$\begin{cases} 5y_1 + 4y_2 + 6y_3 \to 最小化 \\ 制約条件: \\ 3y_1 + 2y_2 + 6y_3 \geqq 8 \\ 4y_1 + 6y_2 + 3y_3 \geqq 10 \\ y_1 \geqq 0, y_2 \geqq 0, y_3 \geqq 0 \end{cases}$$

1°. これを双対問題だと考え，これの主問題を求める．

主問題 $\begin{cases} 8x_1 + 10x_2 \to 最大化 \\ 制約条件: \\ 3x_1 + 4x_2 \leqq 5 \\ 2x_1 + 6x_2 \leqq 4 \\ 6x_1 + 3x_2 \leqq 6 \\ x_1 \geqq 0, x_2 \geqq 0 \end{cases}$ 　双対問題 $\begin{cases} 5y_1 + 4y_2 + 6y_3 \to 最小化 \\ 制約条件: \\ 3y_1 + 2y_2 + 6y_3 \geqq 8 \\ 4y_1 + 6y_2 + 3y_3 \geqq 10 \\ y_1 \geqq 0, y_2 \geqq 0, y_3 \geqq 0 \end{cases}$

⇑ 　　　　　　　　　　　　　　⇓

$\begin{cases} \boxed{8}\,x_1 + \boxed{10}\,x_2 \to 最大化 \\ 制約条件: \\ \mathbf{3}x_1 + \mathbf{4}x_2 \leqq \underline{5} \\ \mathbf{2}x_1 + \mathbf{6}x_2 \leqq \underline{4} \\ \mathbf{6}x_1 + \mathbf{3}x_2 \leqq \underline{6} \end{cases}$ 　　$\begin{cases} \underline{5}y_1 + \underline{4}y_2 + \underline{6}y_3 \to 最小化 \\ 制約条件: \\ \mathbf{3}y_1 + \mathbf{2}y_2 + \mathbf{6}y_3 \geqq \boxed{8} \\ \mathbf{4}y_1 + \mathbf{6}y_2 + \mathbf{3}y_3 \geqq \boxed{10} \end{cases}$

⇑ 　　　　　　　　　　　　　　⇓

主問題

$\boxed{8}\,x_1 + \boxed{10}\,x_2 \to 最大化$

$\begin{pmatrix} 3 & 4 \\ 2 & 6 \\ 6 & 3 \end{pmatrix} \begin{pmatrix} x_1 \\ x_2 \end{pmatrix} \leqq \begin{pmatrix} \underline{5} \\ \underline{4} \\ \underline{6} \end{pmatrix}$

⇐

双対問題

$\underline{5}y_1 + \underline{4}y_2 + \underline{6}y_3 \to 最小化$

$\begin{pmatrix} 3 & 2 & 6 \\ 4 & 6 & 3 \end{pmatrix} \begin{pmatrix} y_1 \\ y_2 \\ y_3 \end{pmatrix} \geqq \begin{pmatrix} \boxed{8} \\ \boxed{10} \end{pmatrix}$

2°. シンプレックス法で解く．

スラック変数 x_3, x_4, x_5 を導入する．

$8x_1 + 10x_2 \to$ 最大化

制約条件：
$$\begin{cases} 3x_1 + 4x_2 + x_3 = 5 \\ 2x_1 + 6x_2 + x_4 = 4 \\ 6x_1 + 3x_2 + x_5 = 6 \\ x_1 \geqq 0, x_2 \geqq 0, x_3 \geqq 0, x_4 \geqq 0, x_5 \geqq 0 \end{cases}$$

最初の実行基底解として，$(x_1, x_2, x_3, x_4, x_5) = (0, 0, 5, 4, 6)$ がとれる.

	$c_j \to$		8	10	0	0	0		
	↓	基底変数	x_1	x_2	x_3	x_4	x_5	定数項	θ
第1段	0	x_3	3	4	1	0	0	5	$\frac{5}{4}$
	0	x_4	2	6	0	1	0	4	$\frac{2}{3}$ (非負最小)
	0	x_5	6	3	0	0	1	6	2
	z_j		0	0	0	0	0	0	
	$c_j - z_j$		8	**10** (正最大)	0	0	0		
第2段	0	x_3	$\frac{5}{3}$	0	1	$-\frac{2}{3}$	0	$\frac{7}{3}$	$\frac{7}{5}$
	10	x_2	$\frac{1}{3}$	1	0	$\frac{1}{6}$	0	$\frac{2}{3}$	2
	0	x_5	5	0	0	$-\frac{1}{2}$	1	4	$\frac{4}{5}$ (非負最小)
	z_j		$\frac{10}{3}$	10	0	$\frac{5}{3}$	0	$\frac{20}{3}$	
	$c_j - z_j$		$\frac{14}{3}$ (正最大)	0	0	$-\frac{5}{3}$	0		
第3段	**0**	x_3	0	0	1	$-\frac{1}{2}$	$-\frac{1}{3}$	1	
	10	x_2	0	1	0	$\frac{1}{5}$	$-\frac{1}{15}$	$\frac{2}{5}$	
	8	x_1	1	0	0	$-\frac{1}{10}$	$\frac{1}{5}$	$\frac{4}{5}$	
	z_j		8	10	0	$\frac{6}{5}$	$\frac{14}{15}$	$\frac{52}{5}$	
	$c_j - z_j$		0	0	0	$-\frac{6}{5}$	$-\frac{14}{15}$		

よって，$(x_1, x_2, x_3, x_4, x_5) = (4/5, 2/5, 1, 0, 0)$ が主問題の解になる. 最大値は $52/5$ である.

3°. 元の双対問題の解を求める.

> 主問題のシンプレックス表の最後のステップの基底変数に対応する c_j をベクトル表示したものを $\boldsymbol{c_B}$ とおき（行ベクトル），最後のステップにおいて，最初の基底変数に対応する a_{ij} を行列表示したものを B とおけば，**双対問題の最適解は $\boldsymbol{c_B}B$ で与えられる.**

① 最小値を求める．双対問題の最小値＝主問題の最大値 だから，最小値は $52/5$(百円).

② $\boldsymbol{c_B}$ をもとめよう．シンプレックス表の最後の欄の c_i の値より
$$\boldsymbol{c_B} = (0,\ 10,\ 8)$$

③ B を求める．B は最初の基底変数 x_3, x_4, x_5 に対応した，シンプレックス表の部分（網掛け箇所）を見ると，
$$B = \begin{pmatrix} 1 & -\frac{1}{2} & -\frac{1}{3} \\ 0 & \frac{1}{5} & -\frac{1}{15} \\ 0 & -\frac{1}{10} & \frac{1}{5} \end{pmatrix}$$

④ 解 $(y_1, y_2, y_3) = \boldsymbol{c_B}B$ を求める．したがって，
$$(y_1, y_2, y_3) = \boldsymbol{c_B}B = \begin{pmatrix} 0 & 10 & 8 \end{pmatrix} \begin{pmatrix} 1 & -\frac{1}{2} & -\frac{1}{3} \\ 0 & \frac{1}{5} & -\frac{1}{15} \\ 0 & -\frac{1}{10} & \frac{1}{5} \end{pmatrix}$$
$$= (0,\ 6/5,\ 14/15)$$

実は，上記のように別途計算しなくても，この計算は表の中で行われている．シンプレックス表の**第3段**の z_j の行の (z_3, z_4, z_5) の値が (y_1, y_2, y_3) になっていることが分かる．

> （答）食品 P を使わずに，食品 Q を $6/5$ 単位，食品 R を $14/15$ 単位使用するときが最小費用で，その金額は $52/5$ 百円，つまり 1040 円となる．

注意 行列の積は，次の様に計算できる．

$$
\begin{array}{c}
\xleftarrow{3\text{列}} \\
\begin{pmatrix} a_{11} & a_{12} & a_{13} \\ a_{21} & a_{22} & a_{23} \\ a_{31} & a_{32} & a_{33} \\ a_{41} & a_{42} & a_{43} \end{pmatrix}
\end{array}
\times
\begin{array}{c} 3 \\ \text{行} \updownarrow \end{array}
\begin{pmatrix} b_{11} & b_{12} \\ b_{21} & b_{22} \\ b_{31} & b_{32} \end{pmatrix}
$$

$$
= \begin{array}{c} 4 \\ \text{行} \updownarrow \end{array}
\overset{\xleftarrow{2\text{列}}}{
\begin{pmatrix}
a_{11}b_{11}+a_{12}b_{21}+a_{13}b_{31} & a_{11}b_{12}+a_{12}b_{22}+a_{13}b_{32} \\
a_{21}b_{11}+a_{22}b_{21}+a_{23}b_{31} & a_{21}b_{12}+a_{22}b_{22}+a_{23}b_{32} \\
a_{31}b_{11}+a_{32}b_{21}+a_{33}b_{31} & a_{31}b_{12}+a_{32}b_{22}+a_{33}b_{32} \\
a_{41}b_{11}+a_{42}b_{21}+a_{43}b_{31} & a_{41}b_{12}+a_{42}b_{22}+a_{43}b_{32}
\end{pmatrix}}
$$

♣ コラム ♣

次の定理は主問題と双対問題の変数とスラック変数に関する関係を表している．

定理 (相補スラック定理) 主問題と双対問題の最適な実行基底解に対して，どちらの問題においても k 番目の関係式にスラックが生ずるときには，それの双対な問題の k 番目の変数の値はゼロになる．また逆に，k 番目の変数の値が正であれば，その双対な問題の k 番目の関係式は等式になる．

前出の例題にこの定理を適用すると，主問題において，

- $x_1 > 0$ であるから，双対問題の**第 1 番目の式は等式**になる．
- $x_2 > 0$ であるから，双対問題の**第 2 番目の式は等式**になる．

双対問題において，

- $y_1 = 0$ であるから，主問題の**第 1 番目の式はスラックが生じて不等式**になる．
- $y_2 > 0$ であるから，主問題の**第 2 番目の式は等式**になる．
- $y_3 > 0$ であるから，主問題の**第 3 番目の式は等式**になる．

♣ コラム ♣

双対問題に対しては，次のような経済学的な解釈がある．
原料 I, II, III に対する下記の制約条件の下で，製品 A を x_1, B を x_2 生産し，目的関数 z の利益を最大化する問題を考える．式で表現すると，

主問題

目的関数
$z = 8x_1 + 10x_2 \to$ 最大化
制約条件
$$\begin{cases} 3x_1 + 4x_2 \leqq 5 & \text{(原料 I)} \\ 2x_1 + 6x_2 \leqq 4 & \text{(原料 II)} \\ 6x_1 + 3x_2 \leqq 6 & \text{(原料 III)} \end{cases}$$

双対問題

目的関数
$z = 5y_1 + 4y_2 + 6y_3 \to$ 最小化
制約条件
$$\begin{cases} 3y_1 + 2y_2 + 6y_3 \geqq 8 \\ 4y_1 + 6y_2 + 3y_3 \geqq 10 \end{cases}$$

となるが，これは例題 2 の主問題と同じ問題になっている．したがって，これの双対問題の解は，$(y_1, y_2, y_3) = (0, 6/5, 14/15)$ となる．双対定理によると，

主問題の最大値 = 双対問題の最小値 $= 5 \cdot 0 + 4 \cdot 6/5 + 6 \cdot 14/15$

となる．例えば，主問題において，原料 II の制約条件を変えて 1 単位（すなわち，4 から 5 に）増やすと，双対問題の目的関数の y_2 の係数が 4 から 5 に増えることになる．したがって，最大利益は 6/5 増加することになる．これは，$y_2 = 6/5$ が，原料 II という資源の単位増加分が持つ価値を表していると解釈できる．その意味で，y_1, y_2, y_3 はシャドウ・プライス (shadow price, 潜在価格) と呼ばれている．

1.4.3 双対定理の演習

罰金法の演習 3 を，ここでは双対問題として解いてみよう．

> **演習 4** 3 つの食品から 3 種類の栄養素 A, B を摂取することにした．食品 P 1 単位には，栄養素 A が 4g，栄養素 B が 2g 含まれており，食品 Q 1 単位には，栄養素 A が 4g，栄養素 B が 3g 含まれており，食品 R 1 単位には，栄養素 A が 3g，栄養素 B が 4g 含まれているとする．食品 P, Q, R の 1 単位の値段はそれぞれ 6 百円，3 百円，3 百円であるとする．最低でも栄養素 A は 11g，栄養素 B は 10 g 摂取しなければいけないとする．このとき，費用が最小になるには 3 つの食品をどのように使うのがよいか求めよ．

上の問題を以下の手順で答えよ．

問 1. 次の表を完成させよ．

栄養素 \ 食品	P	Q	R	最低摂取量
A				
B				
1 単位の値段 (百円)				

問 2. 食品 P を y_1 単位，食品 Q を y_2 単位，食品 R を y_3 単位 だけ購入することにする．

(1) このとき，費用は ☐ (百円) である．

(2) 栄養素の最低摂取量が決まっているという制約から，次の不等式が得られる．

$$\begin{cases} \boxed{} y_1 + \boxed{} y_2 + \boxed{} y_3 \geq \boxed{} & (\text{栄養素 A の制約}) \\ \boxed{} y_1 + \boxed{} y_2 + \boxed{} y_3 \geq \boxed{} & (\text{栄養素 B の制約}) \end{cases}$$

問 3. 上を双対問題と考えたとき，主問題は次のようになる．

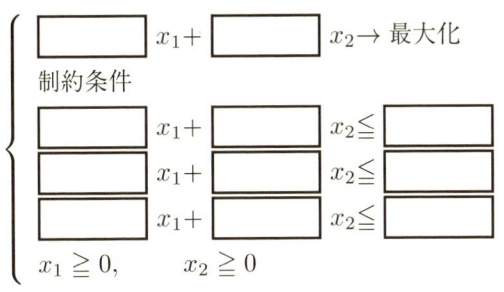

$$\begin{cases} \boxed{} x_1 + \boxed{} x_2 \to \text{最大化} \\ \text{制約条件} \begin{cases} \boxed{} x_1 + \boxed{} x_2 \leq \boxed{} \\ \boxed{} x_1 + \boxed{} x_2 \leq \boxed{} \\ \boxed{} x_1 + \boxed{} x_2 \leq \boxed{} \end{cases} \\ x_1 \geq 0, \quad x_2 \geq 0 \end{cases}$$

問 4. スラック変数 ☐ を導入すると，問 3 の制約条件の不等式は，次の等式になる．

$$\begin{cases} \boxed{} x_1 + \boxed{} x_2 + \boxed{} = \boxed{} \\ \boxed{} x_1 + \boxed{} x_2 + \boxed{} = \boxed{} \\ \boxed{} x_1 + \boxed{} x_2 + \boxed{} = \boxed{} \end{cases}$$

問 5. 主問題に対するシンプレックス表を完成させ，最小費用になる場合の食品 P，Q，R の購入量を決定せよ．その時の費用も求めよ．

	$c_j \to$			
	↓ 基底変数		定数項	θ
第1段				
	z_j			
	$c_j - z_j$			
第2段				
	z_j			
	$c_j - z_j$			
第3段				
	z_j			
	$c_j - z_j$			

1.4 双対問題　45

問 6. 双対問題の最小値 = 主問題の最大値 だから，双対問題の最小値は □ (百円)．また，元の双対問題の解 (y_1, y_2, y_3) を求めるには，実際にはシンプレックス表の第3段の z_j の行の (z_3, z_4, z_5) の値を見ればよい．すなわち，
$$(y_1, y_2, y_3) = \boxed{}$$
になっていることが分かる．

　ここでは，念のため行列の計算でそれを確かめよう．

① c_B をもとめる．シンプレックス表の最後の欄の c_i の値より
$$c_B = \boxed{}$$

② B を求める．B は**最初の基底変数** x_3, x_4, x_5 に対応した，シンプレックスの表の部分を見ると，
$$B = \begin{pmatrix} & & \\ & & \\ & & \end{pmatrix}$$

③ 解 $(y_1, y_2, y_3) = c_B B$ を求める．

$$(y_1, y_2, y_3) = c_B B = \begin{pmatrix} & & \end{pmatrix} \begin{pmatrix} & & \\ & & \\ & & \end{pmatrix}$$

$$= (\quad , \quad , \quad)$$

(答) 食品 P を $y_1 = $ □ 単位，食品 Q を $y_2 = $ □ 単位，食品 R を $y_3 = $ □ 単位購入したとき，最小の費用であることが分かり，その額は □ 百円である．

♣ コラム ♣

この本では触れることができなかったが，線形計画法の問題においては，いくつかのパラメータを変化されたときに，最適解や最適値がどのような変化を受けるのかを分析する重要な問題があり，**感度分析**と呼ばれている．例えば，パラメータを少し変化させただけで，大きく最適解が変化することがある場合などは，パラメータの値に大きく依存していることが分かる．特に，経済学の問題を扱う場合にはこの分析が重要になってくることがある．パラメータとしては，(1) 制約条件の不等式の右辺の値 (2) 目的関数の係数 (3) 制約条件の係数 (4) 新たに追加した変数などがあげられる．

1.5 輸送問題

輸送問題は兵隊，食料などの軍事上の輸送に関する問題を解決するために研究されてきた．

ヒッチコック，クープマンス，ダンツィーク等が線形計画法の問題として，定式化してその解法を考え出した．カントロビッチ，フォード，フルカーソン，ダンツィーク等は独特な解法を考え出した．

1.5.1 輸送問題とは何か？

輸送問題の代表例を扱う．ここでは，単一製品を扱う輸送問題の代表例を取り上げる．

- $A_1, A_2, \cdots, A_m$ を供給地として，生産量をそれぞれ $a_1, a_2, \cdots, a_m$ とする．
- また，$B_1, B_2, \cdots, B_n$ を需要地として，需要量をそれぞれ $b_1, b_2, \cdots, b_n$ とする．
- A_i から B_j への製品の輸送量を x_{ij} とし，そのときの単位当たりの輸送費を c_{ij} とする．

ただし，全供給地の総供給量と全需要地の総需要量は等しいとする．すなわち，

$$\sum_{i=1}^{m} a_i = \sum_{j=1}^{n} b_i$$

とする．

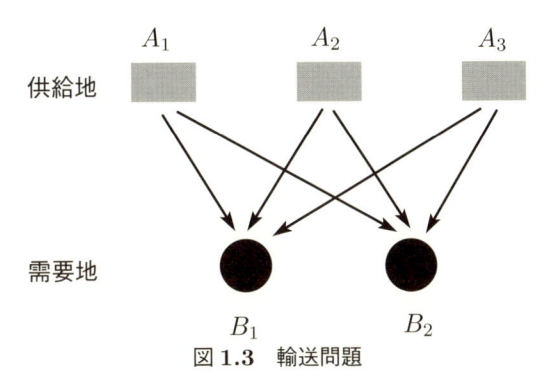

図 **1.3** 輸送問題

このときに,輸送問題は次のように表現できる.

> **問題** 供給地全体 $\{A_i\}$ から需要地全体 $\{B_j\}$ へ輸送するとき,総輸送費が最小になるような輸送量 $\{x_{ij}\}$ を求めよ.

式で記述すると

> 制約条件
> $$\begin{cases} \sum_{j=1}^{n} x_{ij} = a_i & (i=1,2,\cdots,m) \\ \sum_{i=1}^{m} x_{ij} = b_j & (j=1,2,\cdots,n) \\ x_{ij} \geqq 0 & (i=1,2,\cdots,m; j=1,2,\cdots,n) \end{cases}$$
> の下で,輸送費
> $$z = \sum_{i=1}^{m} \sum_{j=1}^{n} c_{ij} x_{ij}$$
> を最小にする $\{x_{ij}\}$ を求めよ.

これより輸送問題は線形計画問題であることが分かる.総費用を最小にするような,$\{x_{ij}\}$ を求めることを,**最適輸送計画**を立てるということにする.

> **例題 5** 3つの供給地 A_1, A_2, A_3 から,3つの需要地 B_1, B_2, B_3 へ製品を輸送している.各供給地の供給量,各需要地の需要量,および各輸送費は表の通りであるとする.このとき,最適輸送計画を立てよ(総輸送費を最小にする輸送計画をたてよ).供給量,需要量の単位はトンとし,輸送費の単位は万円とする.
>
> | 供給地＼需要地 | B_1 | B_2 | B_3 | 供給量 |
> | --- | --- | --- | --- | --- |
> | A_1 | 6 | 3 | 5 | 8 |
> | A_2 | 2 | 4 | 3 | 12 |
> | A_3 | 7 | 8 | 6 | 10 |
> | 需要量 | 9 | 7 | 14 | |

[説明] 変数を $X_{3i+j-3} = x_{ij}, C_{3i+j-3} = c_{ij}$ とおくと

$Z = C_1X_1 + C_2X_2 + C_3X_3 + C_4X_4 + C_5X_5 + C_6X_6 + C_7X_7 + C_8X_8 + C_9X_9$
$= 6X_1 + 3X_2 + 5X_3 + 2X_4 + 4X_5 + 3X_6 + 7X_7 + 8X_8 + 6X_9 \to$ 最小化

制限条件
$$\begin{cases} X_1 + X_2 + X_3 = 8 \\ X_4 + X_5 + X_6 = 12 \\ X_7 + X_8 + X_9 = 10 \\ X_1 + X_4 + X_7 = 9 \\ X_2 + X_5 + X_8 = 7 \\ X_3 + X_6 + X_9 = 14 \\ X_1, X_2, X_3, X_4, X_5, X_6, X_7, X_8, X_9 \geqq 0 \end{cases}$$

と書くことができる．したがって，シンプレックス法を使えば解ける．制限条件の式は6本あるが，総供給量と総需要量が等しいので，5本の式から残りの1本は得られるので，6本の中から任意に1本を取り去っても同じ条件になる．例えば，最初の3本の方程式を加えたものから4, 5番目の式を引くと最後の式がでる．よって，基底変数は5個で，4個が非基底変数になる．ここでは，シンプレックス法ではなくて，輸送問題に独特な解法で解いてみよう．

[解] まず，輸送計画の表にマスの隅に輸送費を書きこみ1つにまとめた表を利用しよう．

供給地＼需要地	B_1	B_2	B_3	供給量
A_1	6　x_{11}	3　x_{12}	5　x_{13}	$a_1 = 8$
A_2	2　x_{21}	4　x_{22}	3　x_{23}	$a_2 = 12$
A_3	7　x_{31}	8　x_{32}	6　x_{33}	$a_3 = 10$
需要量	$b_1 = 9$	$b_2 = 7$	$b_3 = 14$	

① 最初の実行基底解を求めよう．ここでは，**北西隅法**と呼ばれる，簡単な方法を紹介しよう．

	B_1		B_2		B_3		供給量
A_1	6	8 $\min(a_1, b_1)$ $a_1 < b_1$	3		5		$a_1 = 8$
A_2	2 ↓ $\min(a_2, \boldsymbol{b'_1})$ $a_2 > \boldsymbol{b'_1}$	1	4 → $\min(\boldsymbol{a'_2}, b_2)$ $\boldsymbol{a'_2} > b_2$	7	3 → $\min(\boldsymbol{a''_2}, b_3)$ $\boldsymbol{a''_2} < b_3$	4	$a_2 = 12$ $a'_2 = a_2 - x_{21}$ $= 11$ $a''_2 = a_2 - x_{21}$ $-x_{22} = 4$
A_3	7		8		6 ↓ $\min(a_3, \boldsymbol{b'_3})$	10	$a_3 = 10$
需要量	$b_1 = 9$ $b'_1 = b_1 - x_{11}$ $= 1$		$b_2 = 7$		$b_3 = 14$ $b'_3 = b_3 - x_{23}$ $= 10$		

表 1.1 最初の実行基底解

左上隅 x_{11}

- 左上隅の x_{11} から始める．供給地 A_1 で生産した製品を可能な限りたくさん最初の需要地 B_1 に送ることを考える．そのために，<u>a_1 と b_1 を比較して，小さい方を選ぶ</u>．それが，供給地 A_1 の製品を需要地 B_1 に輸送できる最大量になる．式で表現すると

$$x_{11} = \min(a_1, b_1) \quad (\min(a, b) は a と b の中の最小値を表す．)$$

今 $a_1 = 8$, $b_1 = 9$ であるから，$x_{11} = 8$ となる．この操作で，供給地 A_1 の供給量のすべてを需要地 B_1 に輸送することになる．需要地 B_1 はまだ 1 トン必要としている．この不足分を b'_1 と書く．すなわち，$b'_1 = b_1 - x_{11} = 1$ である．

- a_1 と b_1 を比較して，今回のように $a_1 < b_1$ の場合は，需要地 B_1 はまだ足りない状態なので，不足分は次の供給地 A_2 から供給してもらうことになる．したがって，下のマス x_{21} に移ることになる（もし，$a_1 > b_1$ ならば，需要地 B_1 に需要分全部送っても，まだ供給できる．余った分は次の需要地 B_2 に送ることになる．したがって，右のマス x_{12} に移ることになる．この場合には $a'_1 = a_1 - x_{11}$ とおく）．

$$\begin{cases} a_1 > b_1 & \Rightarrow \quad \text{右のマス } x_{12} \text{ に移り,} \ a_1' = a_1 - x_{11} \text{ とおく} \\ a_1 < b_1 & \Rightarrow \quad \text{下のマス } x_{21} \text{ に移り,} \ b_1' = b_1 - x_{11} \text{ とおく} \end{cases}$$

2番目 x_{21}（以下考え方は x_{11} と同じ）

- 供給地 A_2 の製品を需要地 B_1 に輸送できる最大量を選ぶ．式で表現すると

$$x_{21} = \min(a_2, b_1')$$

$a_2 = 12$, $b_1' = 1$ であるから，$x_{21} = 1$ となる．この操作で，需要地 B_1 はこれで需要量が全部満たされる．A_2 の残りの供給量を a_2' と書く．$a_2' = a_2 - x_{21} = 11$ となる．

- x_{11} の場合と同様に考えて，a_2 と b_1' を比較して，$a_2 > b_1'$ だから，供給地 A_2 はまだ供給可能であり，次の需要地 B_2 に供給することになる．したがって，右のマス x_{22} に移ることになる．一般的には

$$\begin{cases} a_2 > b_1' & \Rightarrow \quad \text{右のマス } x_{22} \text{ に移り,} \ a_2' = a_2 - x_{21} \text{ とおく} \\ a_2 < b_1' & \Rightarrow \quad \text{下のマス } x_{31} \text{ に移り,} \ b_1'' = b_1' - x_{21} \text{ とおく} \end{cases}$$

3番目 x_{22}

- 供給地 A_2 の製品を需要地 B_2 に輸送できる最大量を選ぶ．すなわち

$$x_{22} = \min(a_2', b_2)$$

$a_2' = 11$, $b_2 = 7$ であるから，$x_{22} = 7$ となる．この操作で，A_2 の供給量は減るが，その供給量を a_2'' と書くと，$a_2'' = a_2' - x_{22} = 4$ となる．

- $a_2' > b_2$ なので，供給地 A_2 がまだ供給可能な状態なので，次の需要地 B_3 に供給することになる．したがって，右のマス x_{23} に移ることになる．一般的には

$$\begin{cases} a_2' > b_2 & \Rightarrow \quad \text{右のマス } x_{23} \text{ に移り,} \ a_2'' = a_2' - x_{22} \text{ とおく} \\ a_2' < b_2 & \Rightarrow \quad \text{下のマス } x_{32} \text{ に移り,} \ b_2' = b_2 - x_{22} \text{ とおく} \end{cases}$$

4番目 x_{23}

- 供給地 A_2 の製品を需要地 B_3 に輸送できる最大量を選ぶ．

$$x_{23} = \min(a_2'', b_3)$$

  $a_2'' = 4$, $b_3 = 14$ であるから，$x_{23} = 4$ となる．この操作で，A_2 の残った分を B_3 に輸送するが，不足分を b_3' と書く．すなわち，$b_3' = b_3 - x_{23} = 10$ である．

- $a_2'' < b_3$ なので，需要地 B_3 は不足分は次の供給地 A_3 から供給してもらうことになる．したがって，下のマス x_{33} に移ることになる．

最後 x_{33}

- 最後は $a_3 = b_3'$ となっているはずである．したがって，$x_{33} = a_3 = b_3' = 10$ となる．

最初の実行基底解は

$$(x_{11}, x_{12}, x_{13}, x_{21}, x_{22}, x_{23}, x_{31}, x_{32}, x_{33}) = (8, 0, 0, 1, 7, 4, 0, 0, 10)$$

となる．以上の手続きを表にまとめたのが表 1.1 である．

② **実行基底解の改良** シンプレックス法のときのように非基底変数を増加させてみて，目的関数である総輸送費が減少するかどうか調べてみる．そのために，<u>非基底変数</u>から出発して，<u>基底変数のみを通って</u>再び元の非基底変数に戻るルートを考える（これを**ループ**とよぶことにする）．ループはどちら回りでもかまわない．非基底変数の値を 1 だけ増加したときに，ループをたどって戻ったときに，「費用の増減」の欄がすべて 0 か正になったら，現在の実行基底解が最良である．負の値があるときは改良できる．<u>最小の負の値</u>になる改良を選ぶ．

1.5 輸送問題　53

供給地＼需要地	B_1	B_2	B_3
A_1	6　　8	3	5
A_2	2　　1	4　　7	3　　4
A_3	7	8　　10	6

供給地＼需要地	B_1	B_2	B_3
A_1	6　　8	3	5
A_2	2　　1	4　　7	3　　4
A_3	7	8	6　　10

非基底変数	ループ	費用の増減
x_{12}	$x_{12} \to x_{22} \to x_{21} \to x_{11} \to x_{12}$ $+3 \quad -4 \quad +2 \quad -6$	$3-4+2-6$ $=-5$
x_{13}	$x_{13} \to x_{23} \to x_{21} \to x_{11} \to x_{13}$ $+5 \quad -3 \quad +2 \quad -6$	$5-3+2-6$ $=-2$
x_{31}	$x_{31} \to x_{33} \to x_{23} \to x_{21} \to x_{31}$ $+7 \quad -6 \quad +3 \quad -2$	$7-6+3-2$ $=2$
x_{32}	$x_{32} \to x_{33} \to x_{23} \to x_{22} \to x_{32}$ $+8 \quad -6 \quad +3 \quad -4$	$8-6+3-4$ $=1$

あらたに，x_{12} を基底変数として選べる．

③ **改良した実行基底解**　「費用の増減」の中で<u>最小の負の数</u>に対応する変数 x_{12} を基底変数の中に入れる．どのくらい増加させればよいかを考えよう．x_{12} を α だけ増加させてみる．

供給地＼需要地	B_1	B_2	B_3	供給量
A_1	6　　$8-\alpha$	3　　α	5	$a_1=8$
A_2	2　　$1+\alpha$	4　　$7-\alpha$	3　　4	$a_2=12$
A_3	7	8	6　　10	$a_3=10$
需要量	$b_1=9$	$b_2=7$	$b_3=14$	

$$x_{12} \text{を } \alpha \text{ だけ増加} \to \begin{cases} x_{11} = 8-\alpha \geqq 0 \\ x_{21} = 1+\alpha \geqq 0 \\ x_{22} = 7-\alpha \geqq 0 \end{cases}$$

より，$\alpha = 7$ である．つまり，x_{22} が新たに非基底変数になる．

④ **再び，実行基底解の改良** 非基底変数から出発して，基底変数のみを通って再び元の非基底変数に戻るループを考える．

供給地＼需要地	B_1	B_2	B_3	供給量
A_1	6 1	3 7	5	$a_1 = 8$
A_2	2 8	4	3 4	$a_2 = 12$
A_3	7	8	6 10	$a_3 = 10$
需要量	$b_1 = 9$	$b_2 = 7$	$b_3 = 14$	

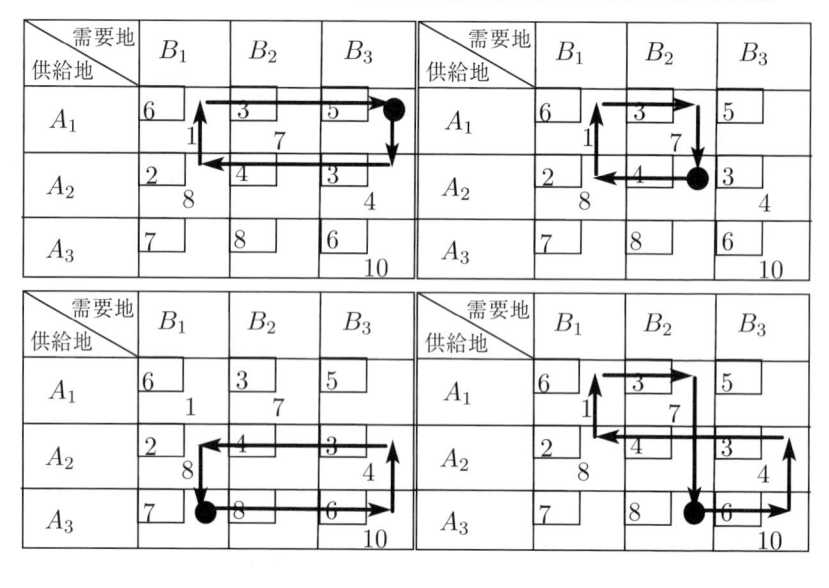

1.5 輸送問題   55

非基底変数	ループ						費用の増減
x_{13}	$x_{13} \to x_{23} \to x_{21} \to x_{11} \to x_{13}$						$5-3+2-6$
	$+5$	-3	$+2$	-6			$=-2$
x_{22}	$x_{22} \to x_{21} \to x_{11} \to x_{12} \to x_{22}$						$4-2+6-3$
	$+4$	-2	$+6$	-3			$=5$
x_{31}	$x_{31} \to x_{33} \to x_{23} \to x_{21} \to x_{31}$						$7-6+3-2$
	$+7$	-6	$+3$	-2			$=2$
x_{32}	$x_{32} \to x_{33} \to x_{23} \to x_{21} \to x_{11} \to x_{12} \to x_{32}$						$8-6+3-2$
	$+8$	-6	$+3$	-2	$+6$	-3	$+6-3=6$

「費用の増減」の中で最小の負の数に対応する変数を基底変数の中に入れる．x_{13} があらたに基底変数に選ばれる．

⑤ **再度，改良した実行基底解** x_{13} をどの位増加させるか考えよう．x_{13} を α だけ増やすとする．

供給地＼需要地	B_1	B_2	B_3	供給量
A_1	6 $1-\alpha$	3 7	5 α	$a_1=8$
A_2	2 $8+\alpha$	4	3 $4-\alpha$	$a_2=12$
A_3	7	8	6 10	$a_3=10$
需要量	$b_1=9$	$b_2=7$	$b_3=14$	

$$x_{13} \text{を} \alpha \text{だけ増加} \to \begin{cases} x_{11}=1-\alpha \geq 0 \\ x_{21}=8+\alpha \geq 0 \\ x_{23}=4-\alpha \geq 0 \end{cases}$$

より，$\alpha=1$ である．つまり，x_{11} が x_{13} の代わりに非基底変数になる．

⑥ **繰り返し，実行基底解の改良** 非基底変数から出発して，基底変数のみを

通って再び元の非基底変数に戻るループを考える．

供給地＼需要地	B_1	B_2	B_3	供給量
A_1	6	3　　7	5　　1	$a_1 = 8$
A_2	2　　9	4	3　　3	$a_2 = 12$
A_3	7	8	6　　10	$a_3 = 10$
需要量	$b_1 = 9$	$b_2 = 7$	$b_3 = 14$	

供給地＼需要地	B_1	B_2	B_3
A_1	6	3　　7	5　　1
A_2	2　　9	4	3　　3
A_3	7	8	6　　10

供給地＼需要地	B_1	B_2	B_3
A_1	6	3　　7	5　　1
A_2	2　　9	4	3　　3
A_3	7	8	6　　10

供給地＼需要地	B_1	B_2	B_3
A_1	6	3　　7	5　　1
A_2	2　　9	4	3　　3
A_3	7	8	6　　10

供給地＼需要地	B_1	B_2	B_3
A_1	6	3　　7	5　　1
A_2	2　　9	4	3　　4
A_3	7	8	6　　10

非基底変数	ループ					費用の増減
x_{11}	$x_{11} \to$ +6	$x_{13} \to$ −5	$x_{23} \to$ +3	$x_{21} \to$ −2	x_{11}	$6-5+3-2$ $=2$
x_{22}	$x_{22} \to$ +4	$x_{23} \to$ −3	$x_{13} \to$ +5	$x_{12} \to$ −3	x_{22}	$4-3+5-3$ $=3$
x_{31}	$x_{31} \to$ +7	$x_{33} \to$ −6	$x_{23} \to$ +3	$x_{21} \to$ −2	x_{31}	$7-6+3-2$ $=2$
x_{32}	$x_{32} \to$ +8	$x_{33} \to$ −6	$x_{13} \to$ +5	$x_{12} \to$ −3	x_{32}	$8-6+5-3$ $=4$

「費用の増減」がすべて 0 か正になったので，現在の実行基底解が最良である．

（答）$x_{11} = 0, x_{12} = 7, x_{13} = 1, x_{21} = 9, x_{22} = 0, x_{23} = 3$
$x_{31} = 0, x_{32} = 0, x_{33} = 10$ が最適解で，そのときの輸送費は
$$z = 3 \cdot 7 + 5 \cdot 1 + 2 \cdot 9 + 3 \cdot 3 + 6 \cdot 10 = 113 \quad (万円)$$
である．

1.5.2 輸送問題演習

演習 5 次の輸送問題を解け．

供給地＼需要地	B_1	B_2	B_3	供給量
A_1	5	9	4	9
A_2	3	6	6	9
A_3	6	8	7	12
需要量	12	11	7	

上の問題を以下の手順で答えよ．

問 1. 式の数は □ 本，有効なのは □ 本になる．した

がって，基底変数の数は □ 個になる．

問 2. 最初の実行基底解を求めよ．

需要地\供給地	B_1	B_2	B_3	供給量
A_1				
A_2				
A_3				
需要量				

問 3. 実行基底解は改良できるか試せ．

非基底変数	\multicolumn{6}{c}{ループ}	費用の増減
	+1	−1	+1	−1	+1	−1	+1	

需要地\供給地	B_1	B_2	B_3
A_1	5	9	4
A_2	3	6	6
A_3	6	8	7

需要地\供給地	B_1	B_2	B_3
A_1	5	9	4
A_2	3	6	6
A_3	6	8	7

供給地＼需要地	B_1	B_2	B_3
A_1	5	9	4
A_2	3	6	6
A_3	6	8	7

供給地＼需要地	B_1	B_2	B_3
A_1	5	9	4
A_2	3	6	6
A_3	6	8	7

問 4. 新しい実行基底解を求めよ．

供給地＼需要地	B_1	B_2	B_3	供給量
A_1				
A_2				
A_3				
需要量				

問 5. 再び，実行基底解が改良できるか試せ．

非基底変数	ループ							費用の増減
	+1	−1	+1	−1	+1	−1	+1	

供給地＼需要地	B_1	B_2	B_3
A_1	5	9	4
A_2	3	6	6
A_3	6	8	7

供給地＼需要地	B_1	B_2	B_3
A_1	5	9	4
A_2	3	6	6
A_3	6	8	7

供給地＼需要地	B_1	B_2	B_3
A_1	5	9	4
A_2	3	6	6
A_3	6	8	7

供給地＼需要地	B_1	B_2	B_3
A_1	5	9	4
A_2	3	6	6
A_3	6	8	7

問 6. 新しい実行基底解を求めよ．

供給地＼需要地	B_1	B_2	B_3	供給量
A_1				
A_2				
A_3				
需要量				

問 7. 再び，実行基底解が改良できるか試せ．

1.5 輸送問題

非基底変数	ループ							費用の増減
	+1	−1	+1	−1	+1	−1	+1	

需要地＼供給地	B_1	B_2	B_3
A_1	5	9	4
A_2	3	6	6
A_3	6	8	7

需要地＼供給地	B_1	B_2	B_3
A_1	5	9	4
A_2	3	6	6
A_3	6	8	7

需要地＼供給地	B_1	B_2	B_3
A_1	5	9	4
A_2	3	6	6
A_3	6	8	7

需要地＼供給地	B_1	B_2	B_3
A_1	5	9	4
A_2	3	6	6
A_3	6	8	7

以上から，この実行基底解は**改良できる**・**改良できない**．

(答) 最適解は
$x_{11} =$ _____, $x_{12} =$ _____, $x_{13} =$ _____
$x_{21} =$ _____, $x_{22} =$ _____, $x_{23} =$ _____
$x_{31} =$ _____, $x_{32} =$ _____, $x_{33} =$ _____
であり，そのときの輸送費は _____ である．

1.5.3 輸送問題とシンプレックス法

1.5.1 節の例題 5 をここではシンプレックス法を用いて解いてみよう．

> **例題 5** 次の輸送問題を解け．
>
> | 供給地 \ 需要地 | B_1 | B_2 | B_3 | 供給量 |
> |---|---|---|---|---|
> | A_1 | 6 | 3 | 5 | 8 |
> | A_2 | 2 | 4 | 3 | 12 |
> | A_3 | 7 | 8 | 6 | 10 |
> | 需要量 | 9 | 7 | 14 | |

[解] **1°．** 式で表す．例題 5 の解説で述べたように，変数を $X_{3i+j-3} = x_{ij}, C_{3i+j-3} = c_{ij}$ とおき，制約条件の最後の式を減らしたものは

$$6X_1 + 3X_2 + 5X_3 + 2X_4 + 4X_5 + 3X_6 + 7X_7 + 8X_8 + 6X_9 \to 最小化$$

制約条件
$$\begin{cases} X_1 + X_2 + X_3 = 8 \\ X_4 + X_5 + X_6 = 12 \\ X_7 + X_8 + X_9 = 10 \\ X_1 + X_4 + X_7 = 9 \\ X_2 + X_5 + X_8 = 7 \\ X_i \geqq 0, 1 \leqq i \leqq 9 \end{cases}$$

である．行列で表すと

$$\begin{pmatrix} 6 & 3 & 5 & 2 & 4 & 3 & 7 & 8 & 6 \\ 1 & 1 & 1 & 0 & 0 & 0 & 0 & 0 & 0 \\ 0 & 0 & 0 & 1 & 1 & 1 & 0 & 0 & 0 \\ 0 & 0 & 0 & 0 & 0 & 0 & 1 & 1 & 1 \\ 1 & 0 & 0 & 1 & 0 & 0 & 1 & 0 & 0 \\ 0 & 1 & 0 & 0 & 1 & 0 & 0 & 1 & 0 \end{pmatrix} \begin{pmatrix} X_1 \\ X_2 \\ X_3 \\ X_4 \\ X_5 \\ X_6 \\ X_7 \\ X_8 \\ X_9 \end{pmatrix} = \begin{pmatrix} 最小化 \\ 8 \\ 12 \\ 10 \\ 9 \\ 7 \end{pmatrix}$$

となる．

2°. ここでは，罰金法で解こう．

	$c_j \to$		6	3	5	2	4	3	7	8	6	M	M	M	M	M	定数項	θ
	$\downarrow$	基底変数	X_1	X_2	X_3	X_4	X_5	X_6	X_7	X_8	X_9	X_{10}	X_{11}	X_{12}	X_{13}	X_{14}		
第1段	M	X_{10}	1	1	1	0	0	0	0	0	0	1	0	0	0	0	8	∞
	M	X_{11}	0	0	0	1	1	1	0	0	0	0	1	0	0	0	12	12
	M	X_{12}	0	0	0	0	0	0	1	1	1	0	0	1	0	0	10	∞
	M	X_{13}	1	0	0	**1**	0	0	1	0	0	0	0	0	1	0	9	**9**
	M	X_{14}	0	1	0	0	1	0	0	1	0	0	0	0	0	1	7	∞
	z_j		$2M$	$2M$	M	$2M$	$2M$	M	$2M$	$2M$	M	M	M	M	M	M		
	$c_j - z_j$		$6-2M$	$3-2M$	$5-M$	$\mathbf{2-2M}$	$4-2M$	$3-M$	$7-2M$	$8-2M$	$6-M$	0	0	0	0	0		
第2段	M	X_{10}	1	1	1	0	0	0	0	0	0	1	0	0	0	0	8	8
	M	X_{11}	-1	0	0	0	1	1	-1	0	0	0	1	0	-1	0	3	∞
	M	X_{12}	0	0	0	0	0	0	1	1	1	0	0	1	0	0	10	∞
	2	X_4	1	0	0	1	0	0	1	0	0	0	0	0	1	0	9	∞
	M	X_{14}	0	**1**	0	0	1	0	0	1	0	0	0	0	0	1	7	**7**
	z_j		2	$2M$	M	2	$2M$	M	2	$2M$	M	M	M	M	$2-M$	M		
	$c_j - z_j$		4	$\mathbf{3-2M}$	$5-M$	0	$4-2M$	$3-M$	5	$8-2M$	$6-M$	0	0	0	$2M-2$	0		
第3段	M	X_{10}	1	0	1	0	-1	0	0	-1	0	1	0	0	0	-1	1	∞
	M	X_{11}	-1	0	0	0	1	**1**	-1	0	0	0	1	0	-1	0	3	**3**
	M	X_{12}	0	0	0	0	0	0	1	1	1	0	0	1	0	0	10	∞
	2	X_4	1	0	0	1	0	0	1	0	0	0	0	0	1	0	9	∞
	3	X_2	0	1	0	0	1	0	0	1	0	0	0	0	0	1	7	∞
	z_j		2	3	M	2	3	M	2	3	M	M	M	M	$2-M$	$3-M$		
	$c_j - z_j$		4	0	$5-M$	0	1	$\mathbf{3-M}$	5	5	$6-M$	0	0	0	$2M-2$	$2M-3$		
第4段	M	X_{10}	1	0	**1**	0	-1	0	0	-1	0	1	0	0	0	-1	1	**1**
	3	X_6	-1	0	0	0	1	1	-1	0	0	0	1	0	-1	0	3	∞
	M	X_{12}	0	0	0	0	0	0	1	1	1	0	0	1	0	0	10	∞
	2	X_4	1	0	0	1	0	0	1	0	0	0	0	0	1	0	9	∞
	3	X_2	0	1	0	0	1	0	0	1	0	0	0	0	0	1	7	∞
	z_j		$M-1$	3	M	2	$6-M$	3	M	$3-M$	M	M	3	M	-1	$3-M$		
	$c_j - z_j$		$7-M$	0	$\mathbf{5-M}$	0	$M-2$	0	$8-M$	$5-M$	$6-M$	0	$M-3$	0	$M+1$	$2M-3$		

	$c_j \to$		6	3	5	2	4	3	7	8	6	M	M	M	M	定数項	θ
	↓	基底変数	X_1	X_2	X_3	X_4	X_5	X_6	X_7	X_8	X_9	X_{10}	X_{11}	X_{12}	X_{13}	X_{14}	
第5段	5	X_3	1	0	1	0	−1	0	0	−1	0	1	0	0	0	−1	1	∞
	3	X_6	−1	0	0	0	1	1	−1	0	0	0	1	0	−1	0	3	∞
	M	X_{12}	0	0	0	0	0	0	1	1	**1**	0	0	1	0	0	10	**10**
	2	X_4	1	0	0	1	0	0	1	0	0	0	0	0	1	0	9	∞
	3	X_2	0	1	0	0	1	0	0	1	0	0	0	0	0	1	7	∞
	z_j		4	3	5	2	1	3	M−1	M−2	M	5	3	M	−1	−2		
	$c_j - z_j$		2	0	0	0	3	0	8−M	10−M	6−**M**	M−5	M−3	0	M+1	M+2		
第6段	5	X_3	1	0	1	0	−1	0	0	−1	0	1	0	0	0	−1	1	
	3	X_6	−1	0	0	0	1	1	−1	0	0	0	1	0	−1	0	3	
	6	X_9	0	0	0	0	0	0	1	1	**1**	0	0	1	0	0	10	
	2	X_4	1	0	0	1	0	0	1	0	0	0	0	0	1	0	9	
	3	X_2	0	1	0	0	1	0	0	1	0	0	0	0	0	1	7	
	z_j		4	3	5	2	1	3	5	4	6	5	3	6	−1	−2	**113**	
	$c_j - z_j$		2	0	0	0	3	0	2	4	0	M−5	M−3	M−6	M+1	M+2		

以上から，この実行基底解が最適解である．すなわち

$$X_1 = 0, X_2 = 7, X_3 = 1, X_4 = 9, X_5 = 0$$
$$X_6 = 3, X_7 = 0, X_8 = 0, X_9 = 10$$

となる．輸送費の合計は，この表から 113 であることが分かる．

(答)
$$x_{11} = 0, x_{12} = 7, x_{13} = 1, x_{21} = 9, x_{22} = 0$$
$$x_{23} = 3, x_{31} = 0, x_{32} = 0, x_{33} = 10$$
が最適解で,そのときの輸送費は
$$z = 3 \cdot 7 + 5 \cdot 1 + 2 \cdot 9 + 3 \cdot 3 + 6 \cdot 10 = 113 \quad (万円)$$
である.

♣ コラム ♣

カントロビッチ (L. V. Kantrobich) は 1912 年にペテルスブルグ (レニングラード) 生まれの旧ソ連の数理経済学者である.1975 年に,クープマンス (T.C.Koopmans) と共に「資源の最適配分理論」(the theory of optimum allocation of resources) への寄与に対してノーベル経済学賞を受賞した.関数解析の分野でも,「Functional Analysis in Normed Spaces」(G.P. Akilov との共著) (邦訳 ノルム空間の函数解析,東京図書) を残している.

第1章 練習問題

問1 ある工場で，2つの製品 A，B を作っている．それぞれの製品1個を生産するのに製品 A は，材料 I が 3kg　材料 II が 5kg，製品 B は，材料 I が 4kg 材料 II が 2kg が必要であるとする．いま，使用できる材料の限度は，材料 I が 170kg，材料 II が 190kg であるとする．1個についての利潤は，A が 8 万円，B が 4 万円であるとする．このとき，最大の利潤を得ることができるように平面のグラフを用いて A，B の生産計画を立てよ．

問2 ある工場で，3つの製品，A，B，C を作っている．それぞれの製品1単位を生産するのに製品 A は，原料 I が 3kg　原料 II が 1kg　原料 III が 2kg，製品 B は，原料 I が 2kg　原料 II が 4kg　原料 III が 1kg，製品 C は，原料 I が 2kg　原料 II が 2kg　原料 III が 5kg が必要であるとする．いま，使用できる原料の限度は，原料 I が 124kg，原料 II が 96kg，原料 III が 140kg であるとする．1単位についての利潤は，A が 7 万円，B が 8 万円，C が 5 万円であるとする．このとき，A，B，C をどれだけ生産することにしたら最大の利潤を得ることができるであろうか？

問3 ある工場で，4つの製品，A，B，C，D を作っている．それぞれの製品1単位を生産するのに製品 A は，原料 I が 3kg　原料 II が 4kg　原料 III が 6kg，製品 B は，原料 I が 1kg　原料 II が 3kg　原料 III が 4kg，製品 C は，原料 I が 2kg　原料 II が 4kg　原料 III が 7kg，製品 D は，原料 I が 4kg 原料 II が 5kg　原料 III が 6kg が必要であるとする．いま，使用できる原料の限度は，原料 I が 120kg，原料 II が 200kg，原料 III が 280kg であるとする．1単位についての利潤は，A が 12 万円，B が 7 万円，C が 8 万円，C が 15 万円であるとする．このとき，最大の利潤を得ることができるような A，B，C，D の生産計画を決定せよ．

問4 3つの食品から3種類の栄養素 A, B, C を摂取することにした．食品 P 10g には，栄養素 A が 6 mg，栄養素 B が 4 mg，栄養素 C が 3mg 含まれており，食品 Q 10g には，栄養素 A が 3mg，栄養素 B が 4mg，栄養素 C が 6mg 含まれており，食品 R 10g には，栄養素 A が 4mg，栄養素 B が 8mg，栄養素 C が 6mg 含まれているとする．食品 P，Q，R の 10g の値段はそれぞれ 66

円, 40 円, 60 円であるとする. 最低でも栄養素 A は 48mg, 栄養素 B は 64 mg, 栄養素 C は 72mg 摂取しなければいけないとする. このとき, 費用が最小になるには 3 つの食品をどのように使うのがよいか罰金法で求めよ.

問 5 上の問 4 と同じ問題を双対定理を用いて求めよ.

問 6 次の輸送問題を解け.

供給地＼需要地	B_1	B_2	B_3	供給量
A_1	7	7	6	15
A_2	4	5	3	11
A_3	5	9	6	14
需要量	13	9	18	

第2章

ゲーム理論

　実際の遊戯のゲームから，経済，社会をはじめとする多くの分野まで，利害が対立する当事者間で，自らの利益を求めて行動する状況はよく見られる．

　例えば，ライバル同士の企業がお互いのシェアの拡大を目指して，様々な経営戦略を練る場合などもこれにあたる．目的を達成しようと状況を分析し，意志決定を行う過程は，企業をプレイヤーに見立てた一種のゲームに例えることができる．

　ゲームの理論は，フォン・ノイマンとモルゲンシュテルンによって書かれた共著「Theory of Games and Economic Behavior(1944年)」で統一された理論として展開され，それを出発点として，大きく発展してきた．

　社会的，経済的活動を一種のゲームとしてモデル化するので，ゲームに参加する複数の組織，会社，人などを**プレイヤー**とよび，一定のルールが定められているものとする．プレイヤーはそのルールにしたがって合理的に行動するものとし，その行動計画を**戦略**（strategy）または**方策，手**と呼ぶことにする．戦略を実行した結果は，ルールにしたがって評価値が与えられる．それを**利得**（pay-off）と呼ぶ．

　これから考えるゲームは，
- プレイヤー (player) の人数，
- 各プレイヤーの戦略，
- 戦略を提示した結果に対する利得（支払い）の値

が定められ，各プレイヤーは相手がどのような戦略を選択するかは事前には知

らないとする．このルールのもとで，より大きな利益をあげる**最適**な戦略を求めるのがゲームの目標である．

2.1　ゼロ和2人ゲーム

まず，プレイヤーは2人で，各プレイヤーのもつ戦略は有限で，2人のプレイヤーの受け取る利得の和はゼロであるとする．これを**有限ゼロ和2人ゲーム**という．

次のじゃんけんゲームを考えよう．AとBの2人のプレイヤーがじゃんけんをしたとき，あいこは0ポイントとして

- グーで勝てば，5ポイント
- チョキで勝てば，3ポイント
- パーで勝てば，4ポイント

の利得を得るものとする．Aが受けとる利得として表にしてみよう．

A \ B	グー	チョキ	パー
グー	0	5	−4
チョキ	−5	0	3
パー	4	−3	0

表 2.1　A が B から受けとるポイント

とりうる戦略と利得をこのように行列によって表すことができる．この行列をこのゲームの**利得行列** (payoff matrix) という．戦略や利得がこのような行列で表されるゲームを**行列ゲーム** (matrix game) と呼ぶ．この利得行列はAの受けとる利得を表すと共に，Bの支払う利得を表すと見ると，Aは可能な限り大きな利得を得ることを目指し，Bは可能な限り小さな利得を支払うことを目指す．Aは利得を最大にすることを目指す**最大化プレイヤー**，Bは利得を最小にすることを目指す**最小化プレイヤー**ということができる．Aは最大化を追求し，Bは最小化を追求するというように利害は全く対立している．ここで，新しい行動原理として，次節で見る**ミニマックスの原理**が登場する．

2.1.1 ミニマックス原理

ここでは，次の問題を考える．

例題 6 2人のプレイヤー A, B が，それぞれ3つの戦略 A_1, A_2, A_3 と B_1, B_2, B_3 を持ち，利得行列にしたがってゲームを行うとする．ただし，利得行列は A が B から受けとる利得を表したものとする．

表：B が A に支払う利得

A \ B	B_1	B_2	B_3
A_1	5	-1	2
A_2	-1	2	5
A_3	4	3	6

[説明] この利得行列の i 行 j 列の成分を a_{ij} と表すことにする．

◎ A の立場で考える (最大化プレイヤー)：

A \ B	B_1	B_2	B_3			最小獲得額
A_1	5	-1	2	$\Rightarrow$	$\min(5, -1, 2) =$	-1
A_2	-1	2	5	$\Rightarrow$	$\min(-1, 2, 5) =$	-1
A_3	4	3	6	$\Rightarrow$	$\min(4, 3, 6) =$	3

表2.2 A の立場で獲得する利得

相手はどんな戦略を立てるのか分からないので，A は最悪のシナリオを想定するのが堅実な考えではないだろうか．すなわち，A は自分の各戦略に対して，最小の利得になる B の戦略を想定する．その値を表の一番右側に書く．

- A_1 に対して，$\min(5, -1, 2) = \min_j a_{1j} = -1$
- A_2 に対して，$\min(-1, 2, 5) = \min_j a_{2j} = -1$
- A_3 に対して，$\min(4, 3, 6) = \min_j a_{3j} = 3$

この値を各 $A_i (i = 1, 2, 3)$ に対する**保証水準**という．保証水準の中で最大になる A の戦略を選ぶことで，確実に獲得できる利得の中で最大のものを得るこ

とができる．その値 v_A は

$$v_A = \max(-1,-1,3) = \max\{\min(5,-1,2), \min(-1,2,5), \min(4,3,6)\}$$
$$= \max(\min_j a_{1j}, \min_j a_{2j}, \min_j a_{3j}) = \max_i \min_j a_{ij} = 3$$

と表せる．そこで，v_A をこの利得行列の**マックスミニ値**と呼ぶ．このように，

> それぞれの戦略の最小の利得の中の，最大値を与える戦略を選ぶという行動原理を**マックスミニ原理**という．

◎ B の立場で考える (最小化プレイヤー)：

A \ B	B_1	B_2	B_3
A_1	5	-1	2
A_2	-1	2	5
A_3	4	3	6
	⇓	⇓	⇓
最大損失額	$\max(5,-1,4)$ $=5$	$\max(-1,2,3)$ $=3$	$\max(2,5,6)$ $=6$

表 2.3 B の立場で支払う利得

A の場合と同様に，B も最悪のシナリオを想定するのが堅実な考えではないだろうか．すなわち，B は自分の各戦略に対して，最大の利得を支払う A の戦略を想定する．その値を表の一番下の段に書く．すなわち，

- B_1 に対して，$\max(5,-1,4) = \max_i a_{i1} = 5$
- B_2 に対して，$\max(-1,2,3) = \max_i a_{i2} = 3$
- B_3 に対して，$\max(2,5,6) = \max_i a_{i3} = 6$

この値を各 $B_j (j=1,2,3)$ に対する**保証水準**という．保証水準の中で最小になる B の戦略を選ぶことで，支払う利得を最小限に押さえることができる．そ

の値 v_B は

$$v_B = \min(5,3,6) = \min\{\max(5,-1,4), \max(-1,2,3), \max(2,5,6)\}$$
$$= \min(\max_i a_{i1}, \max_i a_{i2}, \max_i a_{i3}) = \min_j \max_i a_{ij} = 3$$

と表せる．そこで，v_B をこの利得行列の**ミニマックス値**と呼ぶ．このように，

> それぞれの戦略の最大の利得の中の，最小値を与える戦略を選ぶという行動原理を**ミニマックス原理**という．

この両者をあわせて，単にミニマックス原理と呼ぶことにする．この例では，相手の戦略に左右されずに，A, B はそれぞれ戦略 A_3 と B_2 を選ぶ，ミニマックス原理の立場から選ばれた戦略となる．マックスミニ値 v_A とミニマックス値 v_B が共に 3 と同じ値になる．このように，ミニマックス原理に基づいて決定されたマックスミニ値とミニマックス値が一致するとき，すなわち

$$\max_i \min_j a_{ij} = \min_j \max_i a_{ij}$$

となるとき，戦略の組 (A_3, B_2) をゲームの**均衡点**と呼び，$v_A = v_B = 3$ を**ゲームの値**と呼ぶ．また，それぞれ戦略 A_3, B_2 を**最適戦略**という．

このように，ゲームの均衡点（あるいは最適戦略）とゲームの値を求めることを<u>ゲームを解く</u>という．

2.1.2 鞍点

一般には利得行列に $M = (a_{ij})$ に対して

$$v_A = \max_i \min_j a_{ij} \leqq \min_j \max_i a_{ij} = v_B$$

は成り立つが，$v_A = v_B$ が成り立つとは限らない．ところが，次のような場合には必ず均衡点が存在する．

> 利得行列 $M = (a_{ij})$ を考える．ある i^*, j^* に対して
>
> $$a_{ij^*} \leqq a_{i^*j^*} \leqq a_{i^*j}$$
>
> となるとき，(i^*, j^*) を**鞍点** (saddle point) と呼ぶ．

つまり，$a_{i^*j^*}$ は

- i^* 行の中で最小

- j^* 列の中で最大

となる値である．

$$\begin{bmatrix} a_{11} & a_{12} & \cdots & \boxed{a_{1j^*}} & \cdots & a_{1n} \\ a_{21} & a_{22} & \cdots & \boxed{a_{2j^*}} & \cdots & a_{2n} \\ \cdots & \cdots & \cdots & \cdots & \cdots & \cdots \\ \boxed{a_{i^*1}} & \boxed{a_{i^*2}} & \cdots & \boxed{a_{i^*j^*}} & \cdots & \boxed{a_{i^*m}} \\ \cdots & \cdots & \cdots & \cdots & \cdots & \cdots \\ a_{m1} & a_{m2} & \cdots & \boxed{a_{mj^*}} & \cdots & a_{mn} \end{bmatrix}$$

定理 2 利得行列 $M = (a_{ij})$ の与えられたゼロ和 2 人ゲームを考える．このとき，均衡点

$$\max_i \min_j a_{ij} = \min_j \max_i a_{ij}$$

が存在する必要十分条件は鞍点が存在することである．(i^*, j^*) を鞍点とすると，

$$a_{i^*j^*} = \max_i \min_j a_{ij} = \min_j \max_i a_{ij}$$

が成り立つ．

まとめると，利得行列の中の鞍点を求めればよいことになる．対応する利得がゲームの値になっている（図 2.1 参照）．

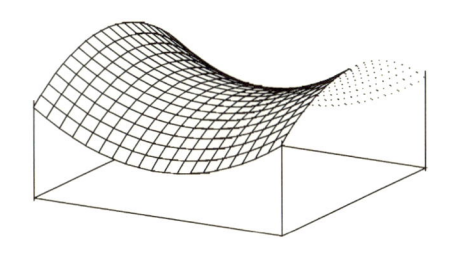

図 2.1 関数の場合の鞍点の図．方向によって極大に見えたり，極小に見えたりする．馬の鞍 (saddle) の形をしている．

鞍点は行の中の最小値と列の中の最大値が一致する場合に対応しているので，実は鞍点を求める簡単な方法がある．

> **＜鞍点の求め方＞**
> ① 各列の最大値を○で囲む．
> ② 各行の最小値を△で囲む．
> ③ ○と△が重なった成分があればそれが鞍点である．

鞍点を求めてみよう．

例題 7 次の表の利得行列をもつ 4×4 の2人ゲームの最適戦略とゲームの値を求めよ

A＼B	B_1	B_2	B_3	B_4
A_1	2	8	4	7
A_2	1	4	2	4
A_3	7	6	5	6
A_4	4	5	3	2

[解] 利得行列に上記の方法を適用すると，

A＼B	B_1	B_2	B_3	B_4
A_1	△2	○8	4	○7
A_2	△1	4	2	4
A_3	○7	6	○△5	6
A_4	4	5	3	△2

となり，鞍点は $(3,3)$ である．したがって，最適戦略は $(A, B) = (A_3, B_3)$ の戦略の組み合わせで，ゲームの値は5である．

(答) 最適戦略は $(A, B) = (A_3, B_3)$ の組合せで，ゲームの値は5である． ■

注意 鞍点のない利得行列もある．前出のじゃんけんゲームは，鞍点を持たない．

A \ B	グー	チョキ	パー
グー	0	⑤	△4
チョキ	△5	0	③
パー	④	△3	0

一方，鞍点が2個以上存在する場合もある．

A \ B	B_1	B_2	B_3	B_4
A_1	8	△7	△7	⑧
A_2	△1	4	2	4
A_3	⑨	△7	△7	⑧
A_4	4	5	3	△2

2.1.3 混合戦略——鞍点を持たない場合

必ずしも鞍点をもたない2人ゼロ和ゲームを考えよう．簡単な例から始める．

例題 8 次の利得行列を持つ2人ゼロ和ゲームの最適戦略を求めよ．

A \ B	B_1	B_2
A_1	6	2
A_2	3	5

[解] **1°.** 鞍点を調べる．

A \ B	B_1	B_2
A_1	⑥	△2
A_2	△3	⑤

であるから，鞍点はない．そこで，2人の立場に立って最適な戦略を考えてみる．

2°. Aの立場で考える (最大化プレイヤー)：

A \ B	B_1	B_2		最小獲得額
A_1	6	2	⇒ min(6,2) =	2
A_2	3	5	⇒ min(3,5) =	3

表 2.4 A の立場で獲得する利得

これより，A は A_2 の戦略を選び，マックスミニ値は $v_A = 3$ となる．

3°. B の立場で考える (最小化プレイヤー)：

A \ B	B_1	B_2
A_1	6	2
A_2	3	5
	⇓	⇓
最大損失額	max(6,3) = 6	max(2,5) = 5

表 2.5 B の立場で獲得する利得

そこで，B は B_2 の戦略を選び，ミニマックス値は $v_B = 5$ となる．

4°.

A \ B	B_1	B_2		最小獲得額
A_1	6	2	⇒	2
A_2	3	5	⇒	③
	⇓	⇓		
最大損失額	6	⑤		

この場合，お互いの立場で考えたマックスミニ値とミニマックス値が一致しない．

A は A_2 の戦略をとると考えられる．このとき，

⇒ B は恐らく A が A_2 の戦略でくるならば，戦略を B_1 に変更した方が，

損失額が少なくなると考えるであろう．

⇒ A も A_1 に変更した方が獲得額が増えると考えるであろう．

⇒ 再び，B は B_2 に変更した方が，損失額が少なくなると考えるであろう．

と相手の戦略を考慮に入れると，とるべき戦略が変化し続ける．

同様に，B が B_2 の戦略をとると考えると，A は，A_1 の方が有利だと考え，それを読んで B は B_1 に戦術を変える，等々．こちらも戦略が定まらない．

いずれの場合も，どうどうめぐりになってしまう．よって

(答) 最適戦略は存在しない．∎

(a) 混合戦略

ここでは，考え方を変えて，1つの戦略で最適戦略を見つけることをやめ，いくつかの戦略を確率で混ぜた**混合戦略**で最適戦略を見つけることにしよう．この混合戦略の利得の期待値を**期待利得**と呼ぶことにする．

混合戦略に合わせて，今まで考えていたような1個1個の戦略を**純粋戦略**と改めて呼ぶことにする．さて，

- A の2つの戦略 A_1, A_2 をそれぞれ確率 x_1, x_2 で混ぜた混合戦略
- B の2つの戦略 B_1, B_2 をそれぞれ確率 y_1, y_2 で混ぜた混合戦略

を考える．ここで，ベクトル

$$\boldsymbol{x} = (x_1, x_2), \quad 0 \leq x_1, x_2 \leq 1, x_1 + x_2 = 1$$
$$\boldsymbol{y} = (y_1, y_2), \quad 0 \leq y_1, y_2 \leq 1, y_1 + y_2 = 1$$

とおく．以下，このベクトルの値で混合戦略を表すことにする．期待利得は

$$E(\boldsymbol{x}, \boldsymbol{y}) = 6x_1 y_1 + 2x_1 y_2 + 3x_2 y_1 + 5x_2 y_2$$

である．利得行列を $M = (a_{ij})$ とおくと，期待利得は

$$E(\boldsymbol{x}, \boldsymbol{y}) = \boldsymbol{x} M {}^t \boldsymbol{y}$$

と行列の積で表現できる．ただし，t はベクトル（あるいは行列）の転置（行と列を入れ替えること）を表す．つまり，この場合は，${}^t \boldsymbol{y} = \begin{pmatrix} y_1 \\ y_2 \end{pmatrix}$ である．

さらに，純粋戦略は確率を使って表現すると，次のようになる．それぞれの純粋戦略を i_1, i_2, j_1, j_2 とおく．

- 純粋戦略 $A_1 \Rightarrow \boldsymbol{x} = (1,0) = \boldsymbol{i}_1$　　純粋戦略 $A_2 \Rightarrow \boldsymbol{x} = (0,1) = \boldsymbol{i}_2$
- 純粋戦略 $B_1 \Rightarrow \boldsymbol{y} = (1,0) = \boldsymbol{j}_1$　　純粋戦略 $B_2 \Rightarrow \boldsymbol{y} = (0,1) = \boldsymbol{j}_2$

プレイヤー A とプレイヤー B のマックスミニ値，ミニマックス値が一致するような，つまり

$$\max_{\boldsymbol{x}} \min_{\boldsymbol{y}} E(\boldsymbol{x}, \boldsymbol{y}) = \min_{\boldsymbol{y}} \max_{\boldsymbol{x}} E(\boldsymbol{x}, \boldsymbol{y})$$

が成り立つような混合戦略 $\boldsymbol{x}^* = (x_1^*, x_2^*)$ と $\boldsymbol{y}^* = (y_1^*, y_2^*)$ を **最適混合戦略** と呼び，その組み合わせ $(\boldsymbol{x}^*, \boldsymbol{y}^*)$ をゲームの **均衡点**，$E(\boldsymbol{x}^*, \boldsymbol{y}^*)$ をゲームの値と呼ぶ．

この状況で，問題は次のように言うことができる．

最適混合戦略問題． 利得行列 M が与えられたとき，プレイヤー A とプレイヤー B の最適混合戦略，つまりをゲームの均衡点を求めよ．そのときのゲームの値も求めよ．

次の定理が 1928 年にフォン・ノイマン (J.von Neumann) によって証明されている．

定理 3 (ミニマックス定理)　最適混合戦略問題には均衡点が存在する．

行列の鞍点と同じように，期待利得 $E(\boldsymbol{x}, \boldsymbol{y})$ の鞍点を定義しよう．

混合戦略の組み合わせ $(\boldsymbol{x}^*, \boldsymbol{y}^*)$ が期待利得の **鞍点** であるというのは，任意の混合戦略 $\boldsymbol{x}$ と $\boldsymbol{y}$ に対して，

$$E(\boldsymbol{x}, \boldsymbol{y}^*) \leqq E(\boldsymbol{x}^*, \boldsymbol{y}^*) \leqq E(\boldsymbol{x}^*, \boldsymbol{y})$$

が成り立つときをいう．

定理 4　混合戦略の組み合わせ $(\boldsymbol{x}^*, \boldsymbol{y}^*)$ がゲームの均衡点である必要十分条件は $(\boldsymbol{x}^*, \boldsymbol{y}^*)$ が期待利得の鞍点になることである．

混合戦略においても鞍点があれば，これが求める最適混合戦略になっているのである．

2.1.4 最適混合戦略の解法

ここでは，最適混合戦略の求め方を考えてみよう．実際に解くには次の定理が役に立つ．

定理 5 $(\boldsymbol{x}^*, \boldsymbol{y}^*)$ が均衡点で，v がゲームの値である必要十分条件は任意の純粋戦略 $\boldsymbol{i}, \boldsymbol{j}$ に対して，
$$E(\boldsymbol{i}, \boldsymbol{y}^*) \leqq v \leqq E(\boldsymbol{x}^*, \boldsymbol{j}) \tag{2.1}$$
が成立することである．

定理 6 $(\boldsymbol{x}^*, \boldsymbol{y}^*)$ が均衡点で，v がゲームの値であるならば，
$$\max_{\boldsymbol{i}} E(\boldsymbol{i}, \boldsymbol{y}^*) = \min_{\boldsymbol{j}} E(\boldsymbol{x}^*, \boldsymbol{j}) = v \tag{2.2}$$
が成立する．

最適混合戦略を求めてみよう．

例題 9 次の利得行列を持つ 2 人ゼロ和ゲームの最適混合戦略を求めよ．

A \ B	B_1	B_2
A_1	6	2
A_2	3	5

[解] **1°．** 利得行列には鞍点はない．そこで，
A の混合戦略を $\boldsymbol{x} = (x_1, x_2), x_1 \geqq 0, x_2 \geqq 0, x_1 + x_2 = 1$，
B の混合戦略を $\boldsymbol{y} = (y_1, y_2), y_1 \geqq 0, y_2 \geqq 0, y_1 + y_2 = 1$
とする．期待利得は

$$\begin{aligned} E(\boldsymbol{x}, \boldsymbol{y}) &= 6x_1 y_1 + 2x_1 y_2 + 3x_2 y_1 + 5x_2 y_2 \\ &= 6x_1 y_1 + 2x_1(1 - y_1) + 3(1 - x_1)y_1 + 5(1 - x_1)(1 - y_1) \end{aligned}$$

2°． A の最適混合戦略を考えよう．定理 5 より

- $\boldsymbol{j} = \boldsymbol{j}_1$ のとき，$v \leqq E(\boldsymbol{x}, \boldsymbol{j}_1) = 6x_1 + 3(1 - x_1) = 3x_1 + 3$
- $\boldsymbol{j} = \boldsymbol{j}_2$ のとき，$v \leqq E(\boldsymbol{x}, \boldsymbol{j}_2) = 2x_1 + 5(1 - x_1) = -3x_1 + 5$

(x_1, v) の満たす範囲は図 2.2 の左図の斜線部である．ミニマックスの原理よ

り，v はその範囲の最大値であるから，2 直線

$$\begin{cases} E = 3x_1 + 3 \\ E = -3x_1 + 5 \end{cases}$$

の交点の値になる．$x_1 = 1/3$ のとき A の最適混合戦略になる．$v = 4$ となる．

3°. B の最適混合戦略を考えよう．定理 5 より

- $i = i_1$ のとき，$E(i_1, y) = 6y_1 + 2(1 - y_1) = 4y_1 + 2 \leqq v$
- $i = i_2$ のとき，$E(i_2, y) = 3y_1 + 5(1 - y_1) = -2y_1 + 5 \leqq v$

(y_1, v) の満たす範囲は図 2.2 の右図の斜線部である．ミニマックスの原理より，v はその範囲の最小値であるから，2 直線

$$\begin{cases} E = 4y_1 + 2 \\ E = -2y_1 + 5 \end{cases}$$

の交点の値になる．$y_1 = 1/2$ のとき B の最適混合戦略になる．$v = 4$ となる．

4°. したがって，$(x_1, x_2) = (1/3, 2/3)$，$(y_1, y_2) = (1/2, 1/2)$ が最適混合戦略である．つまり，$((x_1, x_2), (y_1, y_2)) = ((1/3, 2/3), (1/2, 1/2))$ が均衡点である．そのとき，ゲームの値は 4 となる．

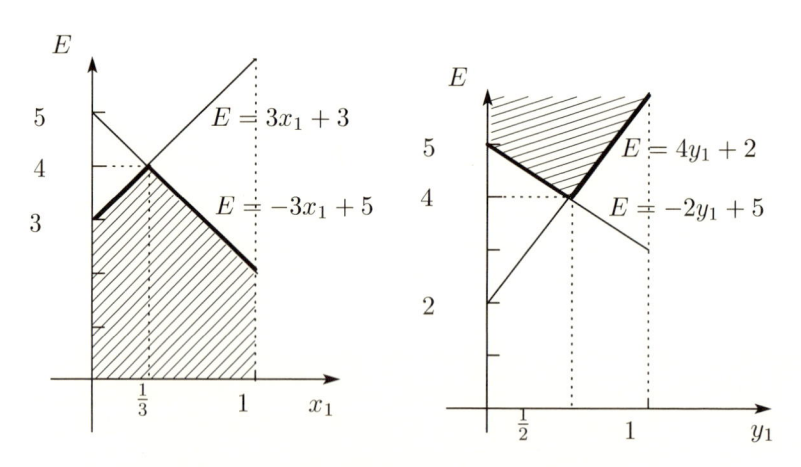

図 2.2 左：A の混合戦略，右：B の混合戦略

図 2.2 の太線がそれぞれ $\min_j E(x, j)$，$\max_i E(i, y)$ を表す．以上より，

(答) A, B の最適混合戦略は，それぞれ $(1/3, 2/3), (1/2, 1/2)$ であり，ゲームの値は 4 である．

■

一般的な次の結果が成り立つ．

例題 10 次の利得行列を持つ 2 人ゼロ和ゲームを考える．

A \ B	B_1	B_2
A_1	a_{11}	a_{12}
A_2	a_{21}	a_{22}

この利得行列が鞍点を持たないとき，最適混合戦略は
$$(x_1, x_2) = \left(\frac{a_{22} - a_{21}}{a_{11} - a_{12} + a_{22} - a_{21}}, \frac{a_{11} - a_{12}}{a_{11} - a_{12} + a_{22} - a_{21}} \right)$$
$$(y_1, y_2) = \left(\frac{a_{22} - a_{12}}{a_{11} - a_{12} + a_{22} - a_{21}}, \frac{a_{11} - a_{21}}{a_{11} - a_{12} + a_{22} - a_{21}} \right)$$
であり，ゲーム値 v は
$$v = \frac{a_{11}a_{22} - a_{12}a_{21}}{a_{11} - a_{12} + a_{22} - a_{21}}$$
となることを示せ．

[解] 1°. 鞍点を持たないことより，各成分の大小関係が，図式的に書いた次の 2 通りになることは簡単に分かる．

$$\text{ケース 1} \quad \begin{pmatrix} a_{11} & > & a_{12} \\ \vee & & \wedge \\ a_{21} & < & a_{22} \end{pmatrix} \qquad \text{ケース 2} \quad \begin{pmatrix} a_{11} & < & a_{12} \\ \wedge & & \vee \\ a_{21} & > & a_{22} \end{pmatrix}$$

ケース 1 の場合

A の混合戦略を $\boldsymbol{x} = (x_1, x_2), x_1 \geqq 0, x_2 \geqq 0, x_1 + x_2 = 1$,
B の混合戦略を $\boldsymbol{y} = (y_1, y_2), y_1 \geqq 0, y_2 \geqq 0, y_1 + y_2 = 1$
とする．期待利得は

$$\begin{aligned} E(\boldsymbol{x}, \boldsymbol{y}) &= a_{11} x_1 y_1 + a_{12} x_1 y_2 + a_{21} x_2 y_1 + a_{22} x_2 y_2 \\ &= a_{11} x_1 y_1 + a_{12} x_1 (1 - y_1) + a_{21} (1 - x_1) y_1 + a_{22} (1 - x_1)(1 - y_1) \end{aligned}$$

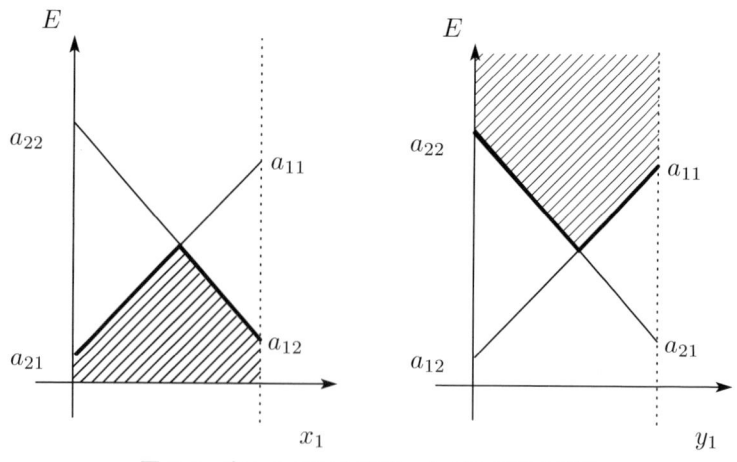

図 2.3 左：A の混合戦略，右：B の混合戦略

2°. A の最適混合戦略を考えよう．定理 5 より

- $j = j_1$ のとき，$v \leqq E(x, j_1) = a_{11}x_1 + a_{21}(1-x_1) = (a_{11} - a_{21})x_1 + a_{21}$
- $j = j_2$ のとき，$v \leqq E(x, j_2) = a_{12}x_1 + a_{22}(1-x_1) = (a_{12} - a_{22})x_1 + a_{22}$

このとき，2 つの直線

$$\begin{cases} E = (a_{11} - a_{21})x_1 + a_{21} \\ E = (a_{12} - a_{22})x_1 + a_{22} \end{cases}$$

の $x_1 = 0$ での E の値は，それぞれ a_{21} と a_{22} である．また，$x_1 = 1$ での E の値は，それぞれ a_{11} と a_{12} である．

$$a_{11} > a_{12}, \quad a_{11} > a_{21}, \quad a_{22} > a_{12}, \quad a_{22} > a_{21}$$

という大小関係があるので，以下の図のようになる．

したがって，2 直線は必ず交点を持つ．(x_1, v) の満たす範囲は斜線部である．

定理 6 より，最適混合戦略とゲーム値は 2 つの直線上にあり，v が最大になるのは交点である．したがって，交点を計算すると

$$(a_{11} - a_{21})x_1 + a_{21} = (a_{12} - a_{22})x_1 + a_{22}$$
$$(a_{11} - a_{21} + a_{22} - a_{12})x_1 = a_{22} - a_{21}$$

$(a_{11} - a_{21}) + (a_{22} - a_{12}) > 0$ であるから,
$$x_1 = \frac{a_{22} - a_{21}}{a_{11} - a_{12} + a_{22} - a_{21}}$$
が最適混合戦略になる. $x_2 = 1 - x_1$ より, x_2 は計算できる. そして,
$$v = (a_{11} - a_{21})x_1 + a_{21} = \frac{a_{11}a_{22} - a_{12}a_{21}}{a_{11} - a_{12} + a_{22} - a_{21}}$$
となる.

3°. Bの最適混合戦略を考えよう. 定理5より
- $i = i_1$ のとき, $E(i_1, y) = a_{11}y_1 + a_{12}(1 - y_1) = (a_{11} - a_{12})y_1 + a_{12} \leqq v$
- $i = i_2$ のとき, $E(i_2, y) = a_{21}y_1 + a_{22}(1 - y_1) = (a_{21} - a_{22})y_1 + a_{22} \leqq v$

このとき, 2つの直線
$$\begin{cases} E = (a_{11} - a_{12})y_1 + a_{12} \\ E = (a_{21} - a_{22})y_1 + a_{22} \end{cases}$$
の $y_1 = 0$ での E の値は, それぞれ a_{12} と a_{22} である. また, $y_1 = 1$ での E の値は, それぞれ a_{11} と a_{21} である. 以下の図のようになる.

したがって, 2直線は必ず交点を持つ. (y_1, v) の満たす範囲は斜線部である.

定理6より, 最適混合戦略とゲーム値は2つの直線上にあり, v が最小になるのは交点である. したがって, 交点を計算すると
$$(a_{11} - a_{12})y_1 + a_{12} = (a_{21} - a_{22})y_1 + a_{22}$$
$$(a_{11} - a_{12} + a_{22} - a_{21})y_1 = a_{22} - a_{12}$$
$(a_{11} - a_{12}) + (a_{22} - a_{21}) > 0$ であるから,
$$y_1 = \frac{a_{22} - a_{12}}{a_{11} - a_{12} + a_{22} - a_{21}}$$
が最適混合戦略になる. $y_2 = 1 - y_1$ より, y_2 は計算できる. そして,
$$v = (a_{11} - a_{12})y_1 + a_{12} = \frac{a_{11}a_{22} - a_{12}a_{21}}{a_{11} - a_{12} + a_{22} - a_{21}}$$
となる.

4°. 以上より, A, Bの期待利得は一致し, それがゲームの値になる. 上記で求めた (x_1, x_2), (y_1, y_2) が最適混合戦略を与える. また, ケース2も同様に解けて, 同じ値を与える. ∎

2.1.5 ゲーム理論と線形計画法

ゲーム理論の問題を線形計画法の問題に帰着させて解くこともできる．

前節の例題 9 を用いてこの方法を説明する．例題 9 を書き直すと，次のようになる．

◎ **A** の立場で解く：

$$\begin{cases} v \leqq E(\boldsymbol{x}, \boldsymbol{j}_1) = 6x_1 + 3x_2 \\ v \leqq E(\boldsymbol{x}, \boldsymbol{j}_2) = 2x_1 + 5x_2 \end{cases} \tag{2.3}$$

となる条件の下に，v が最大のものを求めるということになる．利得行列の成分がすべて正であるから，$v > 0$ であることは容易に分かる．

$$x_1 + x_2 = 1, \quad x_1, x_2 \geqq 0$$

を満たすから，

$$u_i = \frac{x_i}{v}$$

と新しい変数 u_i を導入する．(2.3) を u_i で書き直すと

$$\begin{cases} 6u_1 + 3u_2 \geqq 1 \\ 2u_1 + 5u_2 \geqq 1 \end{cases} \tag{2.4}$$

なる条件の下に，

$$v = \frac{1}{u_1 + u_2}$$

が最大になる v を求めよという問題になる．このとき，

$$v = \frac{1}{u_1 + u_2} \text{が最大} \iff u_1 + u_2 \text{が最小}$$

となる．したがって，問題は次のように線形計画法の最小化問題に書き換えられる．

> **A** の立場：（線形計画法の最小化問題）
>
> $$\begin{cases} 6u_1 + 3u_2 \geqq 1 \\ 2u_1 + 5u_2 \geqq 1 \\ u_i \geqq 0 \quad (i = 1, 2) \end{cases}$$
>
> の条件の下に，$u_1 + u_2$ が最小となるような解を求めよ．

◎ B の立場で解く：

$$\begin{cases} E(\boldsymbol{i}_1, \boldsymbol{y}) = 6y_1 + 2y_2 \leqq v \\ E(\boldsymbol{i}_2, \boldsymbol{y}) = 3y_1 + 5y_2 \leqq v \end{cases} \quad (2.5)$$

となる条件の下に，v が最小のものを求めるということになる．$v > 0$ であることは容易に分かる．

$$y_1 + y_2 = 1, \quad y_1, y_2 \geqq 0$$

を満たすから，

$$u_i = \frac{y_i}{v}$$

と新しい変数 u_i を導入する．(2.5) を u_i で書き直すと

$$\begin{cases} 6u_1 + 2u_2 \leqq 1 \\ 3u_1 + 5u_2 \leqq 1 \end{cases} \quad (2.6)$$

なる条件の下に，

$$v = \frac{1}{u_1 + u_2}$$

が最小になる v を求めよという問題になる．このとき，

$$v = \frac{1}{u_1 + u_2} \text{が最小} \iff u_1 + u_2 \text{が最大}$$

となる．したがって，問題は次のように線形計画法の最大化問題に書き換えられる．これは，A の立場で考えた問題の双対問題になっている．

B の立場：（線形計画法の最大化問題）

$$\begin{cases} 6u_1 + 2u_2 \leqq 1 \\ 3u_1 + 5u_2 \leqq 1 \\ u_i \geqq 0 \quad (i = 1, 2) \end{cases}$$

の条件の下に，$u_1 + u_2$ が最大となるような解を求めよ．

以上，A，B の立場で問題を解くことによって，最適戦略を求めることができる．

実際に次の問題を，この方法で解いてみよう．

例題 11 次の利得行列を持つ 2 人ゼロ和ゲームの最適混合戦略とゲーム値を求めよ．

A＼B	B_1	B_2
A_1	5	1
A_2	2	4

[解] **1°**．利得行列には鞍点はない．
A の混合戦略を $\boldsymbol{x} = (x_1, x_2), x_1 \geqq 0, x_2 \geqq 0, x_1 + x_2 = 1$,
B の混合戦略を $\boldsymbol{y} = (y_1, y_2), y_1 \geqq 0, y_2 \geqq 0, y_1 + y_2 = 1$
とする．期待利得は

$$E(\boldsymbol{x}, \boldsymbol{y}) = 5x_1y_1 + x_1y_2 + 2x_2y_1 + 4x_2y_2$$

2°．A の最適混合戦略 を考えよう．定理 5 より
- $\boldsymbol{j} = \boldsymbol{j}_1$ のとき，$v \leqq E(\boldsymbol{x}, \boldsymbol{j}_1) = 5x_1 + 2x_2$
- $\boldsymbol{j} = \boldsymbol{j}_2$ のとき，$v \leqq E(\boldsymbol{x}, \boldsymbol{j}_2) = x_1 + 4x_2$

明らかに $v > 0$ であるから，$u_i = x_i/v$ とおくと，$x_1 + x_2 = 1$, $x_i \geqq 0 \ (i = 1, 2)$ より

$$\begin{cases} v \to 最大化 \\ 5x_1 + 2x_2 \geqq v \\ x_1 + 4x_2 \geqq v \\ x_i \geqq 0 \quad (i = 1, 2) \end{cases} \Rightarrow \begin{cases} v = 1/(u_1 + u_2) \to 最大化 \\ 5u_1 + 2u_2 \geqq 1 \\ u_1 + 4u_2 \geqq 1 \\ u_i \geqq 0 \quad (i = 1, 2) \end{cases}$$

$$\Rightarrow \boxed{\begin{cases} u_1 + u_2 \to 最小化 \\ 5u_1 + 2u_2 \geqq 1 \\ u_1 + 4u_2 \geqq 1 \\ u_i \geqq 0 \quad (i = 1, 2) \end{cases} \\ \text{という線形計画法の問題になる．}}$$

双対問題を利用して解く

$$\text{主問題}\begin{cases} w_1 + w_2 \to \text{最大化} \\ \text{制約条件：} \\ 5w_1 + w_2 \leqq 1 \\ 2w_1 + 4w_2 \leqq 1 \\ w_1 \geqq 0, w_2 \geqq 0 \end{cases} \qquad \text{双対問題}\begin{cases} u_1 + u_2 \to \text{最小化} \\ \text{制約条件：} \\ 5u_1 + 2u_2 \geqq 1 \\ u_1 + 4u_2 \geqq 1 \\ u_1 \geqq 0, u_2 \geqq 0 \end{cases}$$

$$\Uparrow \qquad\qquad\qquad\qquad \Downarrow$$

$$\begin{cases} \underline{1}\,w_1 + \underline{1}\,w_2 \to \text{最大化} \\ \text{制約条件：} \\ \mathbf{5}w_1 + \mathbf{1}w_2 \leqq \underline{1} \\ \mathbf{2}w_1 + \mathbf{4}w_2 \leqq \underline{1} \end{cases} \qquad \begin{cases} \underline{1}u_1 + \underline{1}u_2 \to \text{最小化} \\ \text{制約条件：} \\ \mathbf{5}u_1 + \mathbf{2}u_2 \geqq \underline{1} \\ \mathbf{1}u_1 + \mathbf{4}u_2 \geqq \underline{1} \end{cases}$$

$$\Uparrow \qquad\qquad\qquad\qquad \Downarrow$$

主問題

行と列を入れ替える ⇐ 目的関数の係数と右辺を取り替える

双対問題

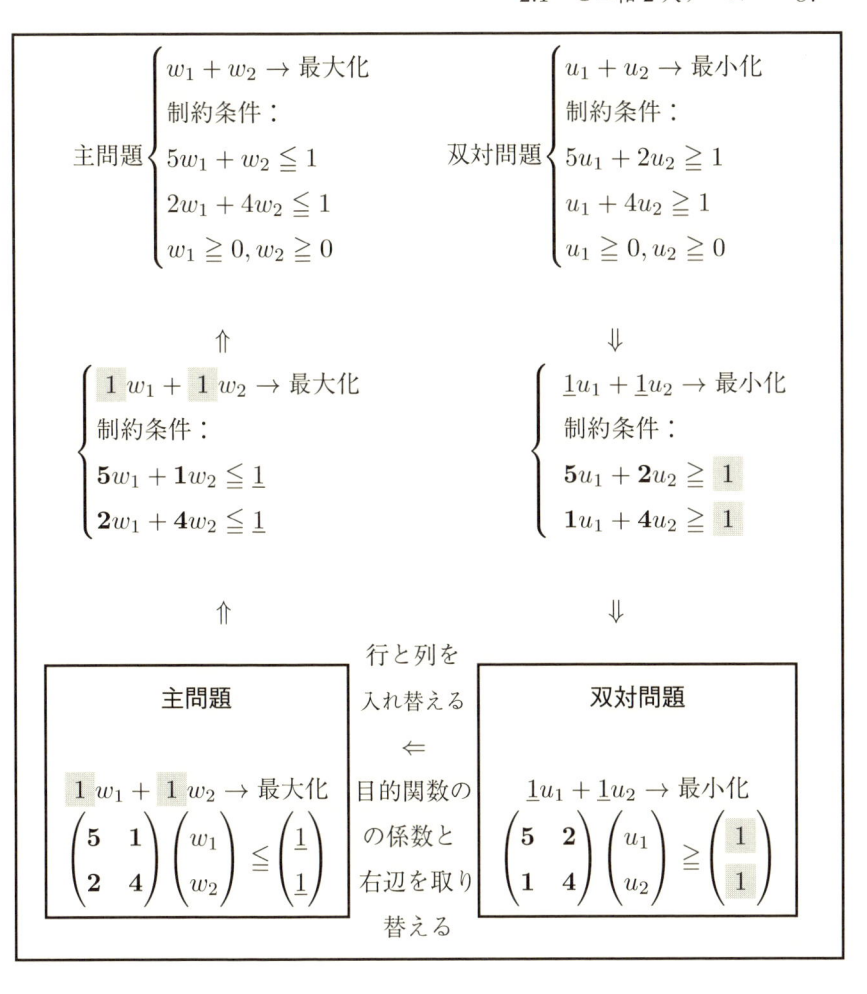

$$\underline{1}\,w_1 + \underline{1}\,w_2 \to \text{最大化}$$
$$\begin{pmatrix} 5 & 1 \\ 2 & 4 \end{pmatrix}\begin{pmatrix} w_1 \\ w_2 \end{pmatrix} \leqq \begin{pmatrix} \underline{1} \\ \underline{1} \end{pmatrix}$$

$$\underline{1}u_1 + \underline{1}u_2 \to \text{最小化}$$
$$\begin{pmatrix} 5 & 2 \\ 1 & 4 \end{pmatrix}\begin{pmatrix} u_1 \\ u_2 \end{pmatrix} \geqq \begin{pmatrix} \underline{1} \\ \underline{1} \end{pmatrix}$$

双対定理を使うと，上記のように主問題に書き換えることができる．さらに，スラック変数 w_3, w_4 を導入すると

$$\begin{cases} w_1 + w_2 \to \text{最大化} \\ 5w_1 + w_2 + w_3 = 1 \\ 2w_1 + 4w_2 + w_4 = 1 \end{cases}$$

となる．この主問題を次のシンプレックス表を使って解く．

	$c_j \to$		1	1	0	0		
	↓	基底変数	w_1	w_2	w_3	w_4	定数項	θ
第1段	0	w_3	5	1	1	0	1	**1/5** (非負最小)
	0	w_4	2	4	0	1	1	1/2
		z_j	0	0	0	0	0	
		$c_j - z_j$	**1** (正最大)	1 (正最大)	0	0		
第2段	1	w_1	1	1/5	1/5	0	1/5	1
	0	w_4	0	18/5	−2/5	1	3/5	**1/6** (非負最小)
		z_j	1	1/5	1/5	0	1/5	
		$c_j - z_j$	0	**4/5** (正最大)	−1/5	0		
第3段	1	w_1	1	0	2/9	−1/18	**1/6**	
	1	w_2	0	1	−1/9	5/18	**1/6**	
		z_j	1	1	1/9	2/9	1/3	
		$c_j - z_j$	0	0	−1/9	−2/9		

注意 第1段 $c_j - z_j$ の行では正の最大数が2つ存在する．ここでは，最初の方を選んだが，2番目の方を選んでもよい．もちろん，解は同じものになる．

実行基底解
$$(w_1, w_2, w_3, w_4) = \left(\frac{1}{6}, \frac{1}{6}, 0, 0\right)$$
が最適解であり，目的関数の最大値は 1/3 である．双対問題の変数 (u_1, u_2) は，第3段の (z_3, z_4) と等しいので

$$(u_1, u_2) = (1/9, 2/9)$$

となる．主問題の最大値と双対問題の最小値は一致するので，$u_1 + u_2 = 1/3$. よって $v = \dfrac{1}{u_1 + u_2} = 3$. したがって，A の最適混合戦略は $\boldsymbol{x} = (vu_1, vu_2) = (1/3, 2/3)$ で，期待利得 v は 3 である．

3°. Bの最適混合戦略 を求める. 定理 5 より

- $i = i_1$ のとき, $E(i_1, y) = 5y_1 + y_2 \leqq v$
- $i = i_2$ のとき, $E(i_2, y) = 2y_1 + 4y_2 \leqq v$

明らかに $v > 0$ であるから, $u_i = y_i/v$ とおくと, $y_1 + y_2 = 1$, $y_i \geqq 0$ $(i = 1, 2)$ より

$$\begin{cases} v \to 最小化 \\ 5y_1 + y_2 \leqq v \\ 2y_1 + 4y_2 \leqq v \\ y_i \geqq 0 \quad (i = 1, 2) \end{cases} \Rightarrow \begin{cases} v = 1/(u_1 + u_2) \to 最小化 \\ 5u_1 + u_2 \leqq 1 \\ 2u_1 + 4u_2 \leqq 1 \\ u_i \geqq 0 \quad (i = 1, 2) \end{cases}$$

$$\Rightarrow \boxed{\begin{cases} u_1 + u_2 \to 最大化 \\ 5u_1 + u_2 \leqq 1 \\ 2u_1 + 4u_2 \leqq 1 \\ u_i \geqq 0 \quad (i = 1, 2) \end{cases} \text{という線形計画法の問題になる.}}$$

ここで, スラック変数 u_3, u_4 を導入すると,

$$\begin{cases} u_1 + u_2 \to 最大化 \\ 5u_1 + u_2 + u_3 = 1 \\ 2u_1 + 4u_2 + u_4 = 1 \end{cases}$$

となる. これを次のシンプレックス表を使って解く.

	$c_j \to$		1	1	0	0		
	↓	基底変数	u_1	u_2	u_3	u_4	定数項	θ
第	0	u_3	5	1	1	0	1	**1/5** (非負最小)
1	0	u_4	2	4	0	1	1	1/2
段		z_j	0	0	0	0	0	
		$c_j - z_j$	**1** (正最大)	1 (正最大)	0	0		

第2段	1	u_1	1	1/5	1/5	0	1/5	1
	0	u_4	0	18/5	$-2/5$	1	3/5	**1/6** (非負最小)
	z_j		1	1/5	1/5	0	1/5	
	$c_j - z_j$		0	**4/5** (正最大)	$-1/5$	0		
第3段	1	u_1	1	0	2/9	$-1/18$	**1/6**	
	1	u_2	0	1	$-1/9$	5/18	**1/6**	
	z_j		1	1	1/9	2/9	**1/3**	
	$c_j - z_j$		0	0	$-1/9$	$-2/9$		

実行基底解

$$(u_1, u_2, u_3, u_4) = (1/6, 1/6, 0, 0)$$

は，最適解であり，目的関数の最大値は $u_1 + u_2 = 1/3$ となるので，$v = 3$. よって，$(y_1, y_2) = (u_1 v, u_2 v) = (1/2, 1/2)$ となる．したがって，B の最適混合戦略は $y = (1/2, 1/2)$ で，期待利得 v は 3 である．

A, B の期待利得は一致して，$v = 3$ であるので，

> （答）A の最適混合戦略は $x = (1/3, 2/3)$, B の最適混合戦略は $y = (1/2, 1/2)$ であり，ゲームの値は 3 である．

■

注意 A の混合戦略を解くときに双対法で主問題に直したが，そこに現れたシンプレックス表と B の混合戦略を解くときに現れたシンプレックス表は，変数の違いだけで，表としては全く同じものである．「主問題」と「双対問題」の関係が，ここでは A の立場と B の立場の解法の違いという形で具体的に表現されていて分かりやすい．

問題 1 A の立場の解法を罰金法を用いて解け．

問題 2 例題 10 の結果を使って上の例題の最適混合戦略とゲームの値を解いてみよ．

問題 3 例題 9 を線形計画法の問題として解け．

問題 4 次の利得行列を持つ2人ゼロ和ゲームの最適混合戦略とゲーム値を求めよ.

A \ B	B_1	B_2
A_1	0	-4
A_2	-3	-1

[解] 1°. このように,利得行列にマイナスの成分がある時はどうすればよいのであろうか.次のように考えよう.

① 成分の負の成分で最小の数を選ぶ.この例では -4 が最小である.
② この最小数の絶対値以上の数を各成分に加える.すなわち,4以上の数,例えば5を加える.

A \ B	B_1	B_2
A_1	0+5	$-4+5$
A_2	$-3+5$	$-1+5$

$\Rightarrow$

A \ B	B_1	B_2
A_1	5	1
A_2	2	4

③ この利得行列に対して求めた最適戦略 $\boldsymbol{x}, \boldsymbol{y}$ は,元の最適混合戦略 $\boldsymbol{x}, \boldsymbol{y}$ になっている.この期待利得から,利得行列の成分に加えた5を引いたものが,元の期待利得になっている.つまり,

$$\begin{cases} 最適混合戦略 \boldsymbol{x}, \boldsymbol{y} \Rightarrow 元の利得行列の最適混合戦略 \\ 期待利得 E(\boldsymbol{x}, \boldsymbol{y}) \Rightarrow 元の利得行列の期待利得 = E(\boldsymbol{x}, \boldsymbol{y}) - 5 \end{cases}$$

となる.

そこで,この新しい利得行列について,最適戦略を考えよう.例題11より,この解は

> Aの最適混合戦略は $\boldsymbol{x} = (1/3, 2/3)$,Bの最適混合戦略は $\boldsymbol{y} = (1/2, 1/2)$ であり,ゲームの値は3である.

となる.

2°. **元の問題に戻す**:元の問題に戻すには,期待利得から5を引けばよい.したがって,$3 - 5 = -2$ がゲームの値である.

(答) Aの最適混合戦略は $x = (1/3, 2/3)$, Bの最適混合戦略は $y = (1/2, 1/2)$ である．つまり $(x, y) = ((1/3, 2/3), (1/2, 1/2))$ は均衡点であり，ゲームの値は -2 になる．

■

♣ コラム ♣

フォン・ノイマンとモルゲンシュテルンの本（参考文献 [11]）の中で，「シャーロックホームズの冒険」の中のエピソードが，2人ゼロ和ゲームの「混合戦略の例」として紹介されている．

『ホームズが宿敵のモリアーティ教授の追跡を逃れてドーバー海峡を渡り，大陸に行くためにまさに汽車に乗り込んだときに，モリアーティの姿を見つける．モリアーティは特別列車を仕立てて追跡してくることを確信したホームズがドーバーに直行すべきか，途中下車すべきかの選択を迫られる』

この場面で，2人はそれぞれ「ドーバーに直行」，「途中下車」という2つの戦略を持っていると考えられる．ホームズはプラットホームでモリアーティに出くわせば殺害され，出くわさずにドーバーにたどり着ければ念願かなって無事脱出できるというわけである．

その状況から，利得行列（モリアーティがホームズから得る利得）を次のように設定した．

M＼H	直行	途中下車
直行	100	0
途中下車	−50	100

利得行列に鞍点は存在しない．混合戦略として解くと，最適戦略は

$$\text{モリアーティ}:(0.6, 0.4), \text{ホームズ}:(0.4, 0.6)$$

となる．ホームズは 60% の確率で，「途中下車」を選ぶべきであるということになる．

2.1.6 ゼロ和2人ゲーム演習

演習 6 次の表で表される利得行列をもつ2人ゼロ和ゲームの最適戦略とゲームの値をグラフを用いて求めよ．

A \ B	B_1	B_2
A_1	3	4
A_2	6	1

上の問題を以下の手順で答えよ．

問 1. Aが2つの戦略 A_1, A_2 をとる確率を $x_1, x_2 \geqq 0$ $(x_1 + x_2 = 1)$，Bが2つの戦略 B_1, B_2 をとる確率を $y_1, y_2 \geqq 0$ $(y_1 + y_2 = 1)$ とする．$\boldsymbol{x} = (x_1, x_2), \boldsymbol{y} = (y_1, y_2)$ とおくとき，Aの期待利得は

$$E(\boldsymbol{x}, \boldsymbol{y}) = \boxed{3x_1y_1 + 4x_1y_2 + 6x_2y_1 + x_2y_2}$$

$x_2 = 1 - x_1$, $y_2 = 1 - y_1$ を使って，x_1, y_1 の式で表すと

$$E(\boldsymbol{x}, \boldsymbol{y}) = \boxed{-6x_1y_1 + 3x_1 + 5y_1 + 1}$$

問 2. 定理5により，

(1) Aの立場で求める：

① $\boldsymbol{j} = (1, 0)$ の場合，$E(\boldsymbol{x}, \boldsymbol{j}) = \boxed{-3x_1 + 6} \geqq v$

② $\boldsymbol{j} = (0, 1)$ の場合，$E(\boldsymbol{x}, \boldsymbol{j}) = \boxed{3x_1 + 1} \geqq v$

ここで，①と②の不等式のグラフを書くと，

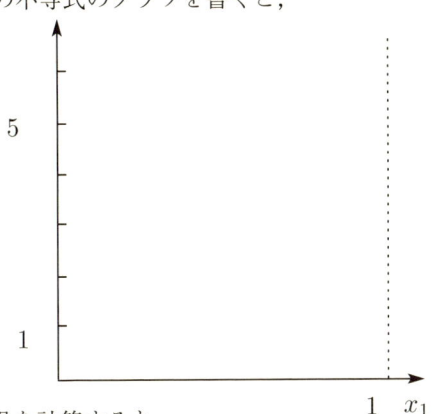

$\boldsymbol{x}$ の値と期待利得を計算すると

計算式

したがって，A の最適戦略は

$\boldsymbol{x} = (\ \square\ ,\ \square\ )$ で，期待利得 $=\ \square\ $ である．

(2) B の立場で求める：

① $\boldsymbol{i} = (1,0)$ の場合, $E(\boldsymbol{i},\boldsymbol{y}) = \ \square\ \leqq v$

② $\boldsymbol{i} = (0,1)$ の場合, $E(\boldsymbol{i},\boldsymbol{y}) = \ \square\ \leqq v$

ここで，①と②の不等式のグラフを書くと，

$\boldsymbol{y}$ の値と期待利得を計算すると

計算式

したがって，B の最適戦略は

$\boldsymbol{y} = (\ \square\ ,\ \square\ )$ で，期待利得 $=\ \square\ $ である．

A と B の期待利得は一致するので，

(答) Aの最適戦略は $x = (\boxed{}, \boxed{})$, Bの最適戦略は $y = (\boxed{}, \boxed{})$ で，ゲームの値は $\boxed{}$ である．

演習 7 次の利得行列を持つ2人ゼロ和ゲームの最適混合戦略とゲーム値を求めよ．

A \ B	B_1	B_2
A_1	6	5
A_2	2	8

上の問題を以下の手順で解答せよ．

問1. Aが2つの戦略 A_1, A_2 をとる確率を $x_1, x_2 \geqq 0$ $(x_1 + x_2 = 1)$, Bが2つの戦略 B_1, B_2 をとる確率を $y_1, y_2 \geqq 0$ $(y_1 + y_2 = 1)$ とする．

$x = (x_1, x_2), y = (y_1, y_2)$ とおくとき，Aの期待利得は

$$E(x, y) = \boxed{}$$

問2. v を期待利得とする．

(1) **Bの立場で求める**：定理5により，純粋戦略 i に対して

$$\begin{cases} i = (1, 0) \text{ の場合，} & E(i, y) = \boxed{} \leqq v \\ i = (0, 1) \text{ の場合，} & E(i, y) = \boxed{} \leqq v \end{cases}$$

$u_j = y_j / v$ とおくと，$y_1 + y_2 = 1$ であるから

$$u_1 + u_2 = \frac{y_1}{v} + \frac{y_2}{v} = \frac{y_1 + y_2}{v} = \frac{1}{v}$$

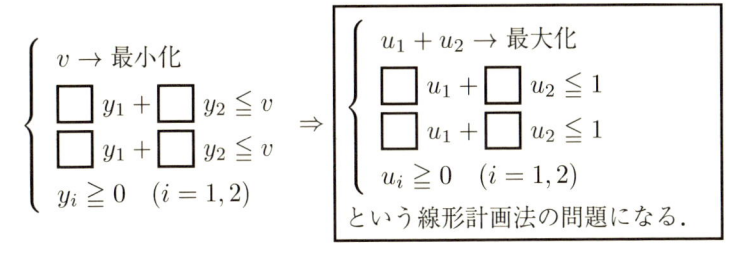

$$\begin{cases} v \to \text{最小化} \\ \boxed{} y_1 + \boxed{} y_2 \leqq v \\ \boxed{} y_1 + \boxed{} y_2 \leqq v \\ y_i \geqq 0 \quad (i = 1, 2) \end{cases} \Rightarrow \begin{cases} u_1 + u_2 \to \text{最大化} \\ \boxed{} u_1 + \boxed{} u_2 \leqq 1 \\ \boxed{} u_1 + \boxed{} u_2 \leqq 1 \\ u_i \geqq 0 \quad (i = 1, 2) \\ \text{という線形計画法の問題になる．} \end{cases}$$

96　第2章　ゲーム理論

スラック変数 □ を導入して

$$\begin{cases} u_1 + u_2 \to \quad 最大化 \\ \boxed{} u_1 + \boxed{} u_2 + \boxed{} = 1 \\ \boxed{} u_1 + \boxed{} u_2 + \boxed{} = 1 \end{cases}$$

シンプレックス表で解く

	$c_j \to$			定数項	θ
	↓ 基底変数				
第1段					
	z_j				
	$c_j - z_j$				
第2段					
	z_j				
	$c_j - z_j$				
第3段					
	z_j				
	$c_j - z_j$				

これより, $(u_1, u_2) = (\boxed{}, \boxed{})$ が最適解であり, 目的関数の最大値は $\boxed{}$ である. $u_1 + u_2 = \boxed{}$ だから $v = \dfrac{1}{u_1 + u_2} = \boxed{}$. したがって, Bの最適戦略は $\boldsymbol{y} = (vu_1, vu_2) = (\boxed{}, \boxed{})$ であり, 期待利得 v は $\boxed{}$ となる.

(2) **A**の立場で求める：定理5により, 純粋戦略 $\boldsymbol{j}$ に対して

$$\begin{cases} \boldsymbol{j} = (1, 0) \text{の場合}, \quad E(\boldsymbol{x}, \boldsymbol{j}) = \boxed{} \geqq v \\ \boldsymbol{j} = (0, 1) \text{の場合}, \quad E(\boldsymbol{x}, \boldsymbol{j}) = \boxed{} \geqq v \end{cases}$$

$u_j = x_j/v$ とおくと，$x_1 + x_2 = 1$ であるから

$$u_1 + u_2 = \frac{x_1}{v} + \frac{x_2}{v} = \frac{x_1 + x_2}{v} = \frac{1}{v}$$

$$\begin{cases} v \to 最大化 \\ \Box x_1 + \Box x_2 \geqq v \\ \Box x_1 + \Box x_2 \geqq v \\ x_i \geqq 0 \quad (i=1,2) \end{cases} \Rightarrow \begin{cases} w = u_1 + u_2 \to 最小化 \\ \Box u_1 + \Box u_2 \geqq 1 \\ \Box u_1 + \Box u_2 \geqq 1 \\ u_i \geqq 0 \quad (i=1,2) \end{cases}$$

という線形計画法の問題になる．

双対定理を利用して解く

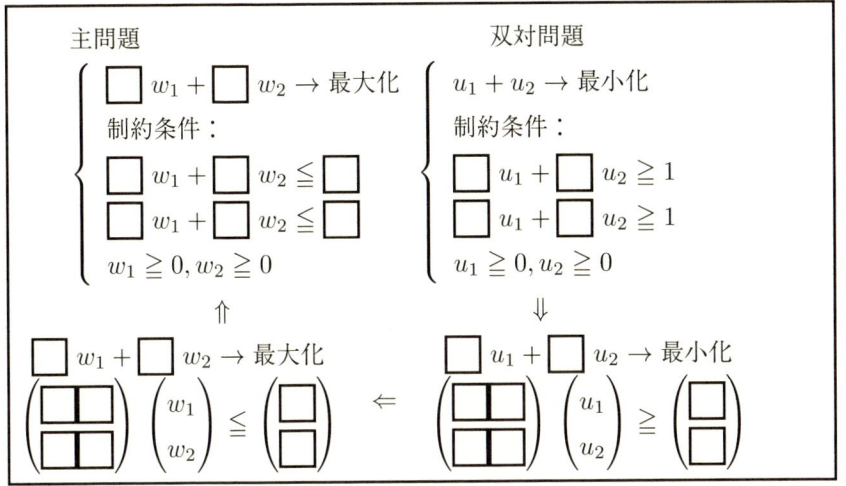

主問題

$$\begin{cases} \Box w_1 + \Box w_2 \to 最大化 \\ 制約条件： \\ \Box w_1 + \Box w_2 \leqq \Box \\ \Box w_1 + \Box w_2 \leqq \Box \\ w_1 \geqq 0, w_2 \geqq 0 \end{cases}$$

双対問題

$$\begin{cases} u_1 + u_2 \to 最小化 \\ 制約条件： \\ \Box u_1 + \Box u_2 \geqq 1 \\ \Box u_1 + \Box u_2 \geqq 1 \\ u_1 \geqq 0, u_2 \geqq 0 \end{cases}$$

⇑ ⇓

$\Box w_1 + \Box w_2 \to 最大化$ $\Box u_1 + \Box u_2 \to 最小化$

$$\begin{pmatrix} \Box & \Box \\ \Box & \Box \end{pmatrix} \begin{pmatrix} w_1 \\ w_2 \end{pmatrix} \leqq \begin{pmatrix} \Box \\ \Box \end{pmatrix} \Leftarrow \begin{pmatrix} \Box & \Box \\ \Box & \Box \end{pmatrix} \begin{pmatrix} u_1 \\ u_2 \end{pmatrix} \geqq \begin{pmatrix} \Box \\ \Box \end{pmatrix}$$

以上の手続きで，双対問題を主問題に直して解く．その解法は，実は変数が u_i から w_i に代わるだけで，**B** の解法のシンプレックス表と全く同じものになる．したがって，$(w_1, w_2) = (\boxed{}, \boxed{})$ が最適解であり，目的関数の最大値は $\boxed{}$ である．

双対問題の解 (u_1, u_2) を求める．

シンプレックス表第 3 段の z_j の行の (z_3, z_4) の値に等しいので

$$(u_1, u_2) = (z_3, z_4) = (\boxed{}, \boxed{})$$

$u_1 + u_2 = \boxed{}$ だから $v = \dfrac{1}{u_1 + u_2} = \boxed{}$．したがって，A の最適戦

略は $\boldsymbol{x} = (vu_1, vu_2) = (\boxed{}, \boxed{})$ であり，期待利得 v は $\boxed{}$ となる．
A と B の期待利得は一致するので，

> **(答)** A の最適戦略は $\boldsymbol{x} = (\boxed{}, \boxed{})$，B の最適戦略は $\boldsymbol{y} = (\boxed{}, \boxed{})$，で，ゲームの値は $\boxed{}$ である．

第 2 章 1 節練習問題

問 7 次の表の利得行列をもつ 3×4 の 2 人ゲームの最適戦略とゲームの値を求めよ

A \ B	B_1	B_2	B_3	B_4
A_1	4	3	7	6
A_2	5	6	8	6
A_3	4	5	3	8

問 8 次の利得行列を持つ 2 人ゼロ和ゲームの最適混合戦略とゲームの値について

(i) グラフを利用して求めよ.
(ii) シンプレックス法を用いて求めよ.

A \ B	B_1	B_2
A_1	4	3
A_2	0	6

問 9 次の利得行列を持つ 2 人ゼロ和ゲームの最適混合戦略とゲームの値を求めよ.

A \ B	B_1	B_2	B_3
A_1	3	7	4
A_2	4	3	5

問 10 次の表で表される利得行列をもつ 2 人ゼロ和ゲームの最適戦略とゲームの値を求めよ. ただし, 利得行列は A が B から得る金額を表すものとする.

B\A	B_1	B_2	B_3
A_1	2	1	3
A_2	1	2	4
A_3	3	3	1

(単位 千円)

問 11 2人のプレイヤー A, B が，それぞれ3つの戦略 グー，チョキ，パーを持ち，利得行列にしたがってゲームを行うとする．ただし，利得行列は A が B から受けとる利得を表したものとする．このとき，最適混合戦略とゲームの値を求めよ．

B\A	グー	チョキ	パー
グー	0	5	−4
チョキ	−5	0	3
パー	4	−3	0

2.2　2人非ゼロ和ゲーム

この節では，2人の利得の合計が必ずしもゼロにならないようなゲームを考えよう．さらに，2人が非協力的な場合を考える．つまり，2人が相談したり，協力してよりよい戦略を考えるという状況は想定していない．

状況を整理してみる．2人のプレイヤーA，Bを考え，それぞれ以下の純粋戦略をとることができるとする．

$$S_A = \{A_1, A_2, \cdots, A_m\}, \quad S_B = \{B_1, B_2, \cdots, B_n\}$$

Aの利得行列，Bの利得行列をそれぞれ

$$M_A = (a_{ij}), \quad M_B = (b_{ij})$$

とする．これをまとめて

$$M = (M_A, M_B) = \begin{pmatrix} (a_{11}, b_{11}) & (a_{12}, b_{12}) & \cdots & (a_{1n}, b_{1n}) \\ (a_{21}, b_{21}) & (a_{22}, b_{22}) & \cdots & (a_{2n}, b_{2n}) \\ \cdots\cdots\cdots\cdots\cdots\cdots\cdots\cdots\cdots\cdots\cdots\cdots\cdots\cdots \\ (a_{m1}, b_{m1}) & (a_{m2}, b_{m2}) & \cdots & (a_{mn}, b_{mn}) \end{pmatrix}$$

とおいた行列を**双行列**と呼ぶ．このように，利得行列が双行列で表されるゲームを**双行列ゲーム**と呼ぶことにする．

2人ゼロ和ゲームの時には，$M_B = (-a_{ij})$ となるので，Aだけの利得行列だけで十分に間に合うので，M_A だけを考えるというわけである．

2.2.1　支配戦略

例題 12　次の利得行列が与えられたとき，最適戦略はどのようになるか？

A \ B	B_1	B_2
A_1	(7, 4)	(5, 6)
A_2	(3, 5)	(3, 7)

[解]　◎ Aの立場で考える：

もし，Bが「B_1」でくるならば，Aは「A_1」の戦略をとる．もし，Bが「B_2」でくるならば，Aはやはり「A_1」の戦略をとる．

このように，相手のどの戦略に対しても，戦略 A_2 よりも戦略 A_1 の方が利得が大きくなるとき，戦略 A_1 は戦略 A_2 を**支配**するという．支配する戦略がある場合は，明らかに，支配する戦略をとった方がよい．したがって，今は，A は「A_1」の戦略を取る方がよい．

◎ B の立場で考える：

もし，A が「A_1」でくるならば，B は「B_2」の戦略をとる．もし，A が「A_2」でくるならば，B はやはり「B_2」の戦略をとる．したがって，戦略 B_2 は戦略 B_1 を支配している．B としては支配する戦略 B_2 を取る方がよい．

（答） A は戦略 A_1，B は戦略 B_2 をとり，利得は $(A, B) = (5, 6)$ となる．■

2.2.2 囚人のジレンマ

「囚人のジレンマ」と呼ばれる次のタイプの問題を考えよう．

例題 13 ある事件がおこり，2 人の容疑者 A, B が逮捕された．2 人は今回の事件の共犯者であることは確実なのだが確証がない．そこで，刑事は 2 人に対し，取引を持ちかけることになる．2 人には「黙秘を続ける」，「共犯を認める」という 2 つの戦略がある．もし，2 人ともうまく「黙秘を続けた」ならば，別件の犯罪での 3 年の刑ですむことになる．2 人とも「共犯を認め」刑に服することになれば，それぞれ 5 年の刑となる．しかし，一方が「共犯を認め」，他方が「黙秘を続けれ」ば，共犯を認めた方は 1 年の刑に軽減され，他方の「黙秘を続けた」方には刑が加算され，10 年の刑になるという．さて，2 人はどのよう戦略を選ぶべきであろうか？ A, B はお互いには相談できないとする．2 人の状況は次のような行列にまとめられる．

A \ B	黙秘	共犯を自供
黙秘	(3, 3)	(10, 1)
共犯を自供	(1, 10)	(5, 5)

(刑の年数)

[解] 刑の期間では，利得の考え方が分かりにくいので，刑が短いほど，利得が高いとして書き直してみよう．例えば，10から刑の年数を引いた年数を利得にすると

A \ B	黙秘	共犯を自供
黙秘	(7,7)	(0,9)
共犯を自供	(9,0)	(5,5)

◎Aの立場で考える：

　もし，Bが「黙秘」でくるならば，Aは「自供」の戦略をとる方が有利である．

　もし，Bが「共犯を自供」でくるならば，Aはやはり「共犯を自供」の戦略をとる方が有利である．

　したがって，「共犯を自供」の戦略は「黙秘」の戦略を支配することになり，「共犯を自供」の戦略の方を選択することになる．

◎Bの立場で考える：

　もし，Aが「黙秘」でくるならば，Bは「自供」の戦略をとる方が有利である．

　もし，Aが「共犯を自供」でくるならば，Bはやはり「共犯を自供」の戦略をとる方が有利である．

　したがって，Bの立場でも，「共犯を自供」の戦略は「黙秘」の戦略を支配することになり，「共犯を自供」の戦略の方を選択することになる．

　したがって，

(答) AもBも共に「黙秘」の戦略よりも「共犯を自供」の戦略をとるのがよい．AとBの刑の年数は共に，5年となる．

　しかしながら，もしお互いに「黙秘」を続けた場合には，今より2人共より多くの利得が得られることになる．このように，合理的な道筋で戦略を選んだ結果として，もっと利得の高い戦略の組があるにもかかわらず，それが実現できない「ジレンマ」がここにはある．

一般に，2人のプレイヤー A, B において，戦略 A_i と A_j に対して，$a_{ik} \geqq a_{jk}\ (1 \leqq k \leqq n)$ が成り立ち，$a_{ik} > a_{jk}$ となる k が少なくとも1個はあるとき，戦略 A_i は戦略 A_j を**弱支配**するという．もし，$a_{ik} > a_{jk}\ (1 \leqq k \leqq n)$ が成り立つときは，戦略 A_i は戦略 A_j を**強支配**するという．戦略 A_i が A_i 以外のすべての戦略 A_j を弱支配するとき，A_i を**弱支配戦略**という．同様に，戦略 A_i が A_i 以外のすべての戦略 A_j を強支配するとき，A_i を**強支配戦略**という．混同が生じないときには共に，単に**支配戦略**という．

「支配戦略があるときには支配戦略を使う」という原理を「**支配戦略の原理**」と呼ぶことにする．これはきわめて自然な選択の原理である．

一方，別な合理性の概念として，**パレート最適**というものがある．これは「ある1人の利得を増加させるには，他人の利得を減少させなければならないとき，パレート最適である」という．つまり，パレート最適ならば，2人共にもっとよい戦略の組は存在しないことを意味する．

「囚人のジレンマ」で選んだ戦略の組は，パレート最適にはなっていない．

このように，非ゼロ和ゲームは，ゼロ和ゲームのように単純にはいかない．

2.2.3 最適反応戦略

例題 14 次の利得行列で決まるゲームを考える．このとき，A, B はどの戦略を選択すればよいか．

A \ B	B_1	B_2	B_3
A_1	(4, 6)	(5, 7)	(1, 5)
A_2	(3, 5)	(6, 4)	(7, 6)

[説明] この場合には，支配する戦略がない．このような場合にはどうなるのであろうか．

◎ **A の立場で考える：**

もし，B が B_1 でくるならば，A は A_1 の戦略をとる方が有利である．
もし，B が B_2 でくるならば，A は A_2 の戦略をとる方が有利である．
もし，B が B_3 でくるならば，A は A_2 の戦略をとる方が有利である．

したがって，相手の戦略が決まらない時点で，決めることはできない．

◎ B の立場で考える：

もし，A が A_1 でくるならば，B は B_2 の戦略をとる方が有利である．

もし，A が A_2 でくるならば，B は B_3 の戦略をとる方が有利である．

したがって，この場合も相手の戦略が決まらない時点で，決めることはできない．

A，B いずれの立場でも，相手の戦略によって取るべき戦略が変わるので，相手の戦略が分からない時点では，どの戦略を選択するか決めることはできない．

そこで，相手がある戦略をとったときに，もしこちらとして取るべき戦略が決まるならば，それがどんなものかを考えることから始めることにする．

例えば，A，B が互いに (A_1, B_1) の戦略を推察したとする．

- A が戦略 A_1 でくるのならば B は B_2 に変更しようと考えるであろう．
- そのことは，利得行列より推察できた A は A_2 に変更するであろう．
- さらに，それを読んだ B は B_3 に変更する．
- このとき，A は A_2 のままを選択する．

したがって，利得の最大化を目指す基本的な考えで，推論を繰り返すと，(A_2, B_3) の戦略の組に落ち着くことになる．これは「均衡点」と見ることができるであろう．

A，B が互いに別の戦略の組を推察したとしても，結果は同じことになる．今の場合，相手 B が戦略 B_3 をとったとすると，A は戦略 A_2 をとることで利得を最大にする．A が戦略 A_2 をとれば，B は戦略 B_3 を選ぶことで利得が最大なり，均衡が保たれることになる．このような戦略の組 (A_2, B_3) を後述のように，ナッシュ均衡点と呼ぶ．■

注意 戦略の組 (A_2, B_3) はパレート最適にもなっている．

一般的に，相手がある決まった戦略をとった状況で，自分の利得を最大にする戦略を，その戦略に対する**最適反応戦略**と呼ぶ．また，お互いのとる戦略がそれぞれ相手の戦略に対する最適反応戦略になっている戦略の組を，**ナッシュ均衡点**と呼ぶのである．最適戦略にはなってないが，1 つの均衡点と見ることができるのではないだろうか．お互いに強支配戦略を持つ場合には，その戦略

の組は，唯 1 つのナッシュ均衡点になっていることは明らかであろう．

例題 15 次の利得行列で決まるゲームのナッシュ均衡点を求めよ．

A \ B	B_1	B_2
A_1	$(1,3)$	$(4,5)$
A_2	$(1,4)$	$(2,1)$
A_3	$(3,2)$	$(2,4)$

[解] ◎ A の立場で考える：

- プレイヤー B の戦略 B_1 の状況において，プレイヤー A の最適反応戦略は，戦略 A_3 ということになる．
- プレイヤー B の戦略 B_2 の状況において，プレイヤー A の最適反応戦略は，戦略 A_1 ということになる．

◎ B の立場で考える：

- プレイヤー A の戦略 A_1 の状況において，プレイヤー B の最適反応戦略は，戦略 B_2 ということになる．
- プレイヤー A の戦略 A_2 の状況において，プレイヤー B の最適反応戦略は，戦略 B_1 ということになる．
- プレイヤー A の戦略 A_3 の状況において，プレイヤー B の最適反応戦略は，戦略 B_2 ということになる．

したがって，B の戦略 B_2 に対して，A は戦略 A_1 が最適反応戦略である．逆に，A の戦略 A_1 に対して，B は戦略 B_2 が最適反応戦略である．

（答） 戦略の組 (A_1, B_2) はナッシュ均衡点になっている．そのときの利得は，$(A, B) = (4, 5)$ である． ■

ナッシュ均衡点は 1 個とは限らない．

2.2 2人非ゼロ和ゲーム

例題 16 (逢い引きのジレンマ) 1組の男女，A と B がいる．2人は，これからミュージカルに行くか，サッカー観戦に行くかを念頭においている．女性は，サッカーも嫌いではないが，ミュージカルをより好み，男性は，ミュージカルも嫌いではないが，サッカー観戦をより好んでいるという．思いが同じになれば幸せだが，お互いに対立すると不幸な事態だと考えている．以上を鑑み，利得行列は次のように与えられているとする．

A \ B	B_1(サッカー)	B_2(ミュージカル)
A_1(サッカー)	(2, 1)	(−1, −1)
A_2(ミュージカル)	(−1, −1)	(1, 2)

このとき，ナッシュ均衡点を求めよ．

[解] ◎ A の立場で考える：

- B の戦略 B_1 の状況において，A の最適反応戦略は，戦略 A_1 ということになる．
- B の戦略 B_2 の状況において，A の最適反応戦略は，戦略 A_2 ということになる．

◎ B の立場で考える：

- A の戦略 A_1 の状況において，B の最適反応戦略は，戦略 B_1 ということになる．
- A の戦略 A_2 の状況において，B の最適反応戦略は，戦略 B_2 ということになる．

したがって，

(答) 2つの戦略の組 (A_1, B_1) と (A_2, B_2) はナッシュ均衡点になっている．そのときの利得は，それぞれ，$(A, B) = (2, 1)$, $(A, B) = (1, 2)$ である．

∎

2つの均衡点があることは状況を難しくしている．

もし男性が強くサッカー観戦を望んでいて，それを女性も感じて，そちらに合わせれば (A_1, B_1) の均衡点になる．逆に，女性が，強くミュージカルを見たがっている場合，それを男性もその気持ちをくんで合わせれば，(A_2, B_2) の

均衡点になる.しかし,お互いが譲らなければ,決着はつかないことになる.この場合,ちなみに,2つの均衡点はパレート最適になっている.

ここでも,非ゼロ和ゲームのもつ複雑さが現れている.

ナッシュ均衡点が存在しない場合もある.

例題 17 次の利得行列で決まるゲームのナッシュ均衡点を求めよ.

A \ B	B_1	B_2
A_1	(5, 4)	(2, 8)
A_2	(1, 7)	(3, 6)

[解] A_1 も A_2 もどちらの戦略も支配しない.また,B_1 も B_2 もどちらの戦略も支配しない.

◎ A の立場で考える:

- B の戦略 B_1 の状況において,A の最適反応戦略は,戦略 A_1 ということになる.
- B の戦略 B_2 の状況において,A の最適反応戦略は,戦略 A_2 ということになる.

◎ B の立場で考える:

- A の戦略 A_1 の状況において,B の最適反応戦略は,戦略 B_2 ということになる.
- A の戦略 A_2 の状況において,B の最適反応戦略は,戦略 B_1 ということになる.

したがって,A,B にとって,お互いに相手の戦略に対して共に最適反応戦略になっている戦略の組は存在しない.

(答) ナッシュ均衡点は存在しない.

■

2.2.4 混合戦略

純粋戦略において,ナッシュ均衡点が存在しない場合にも適用できるように,混合戦略を考えてみることにしよう.

- Aのm個の戦略$A_1, A_2, \cdots, A_m$をそれぞれ確率$x_1, x_2, \cdots, x_m$で混ぜた混合戦略を考え，混合戦略全体の集合をS_Aとする．
- Bのn個の戦略$B_1, B_2, \cdots, B_n$をそれぞれ確率$y_1, y_2, \cdots, y_n$で混ぜた混合戦略を考え，混合戦略全体の集合をS_Bとする．

ここで，ベクトル

$$\boldsymbol{x} = (x_1, x_2, \cdots, x_m), 0 \leqq x_1, x_2, \cdots, x_m \leqq 1, x_1 + x_2 + \cdots + x_m = 1$$
$$\boldsymbol{y} = (y_1, y_2, \cdots, y_n), 0 \leqq y_1, y_2, \cdots, y_n \leqq 1, y_1 + y_2 + \cdots + y_n = 1$$

とおく．このとき，プレイヤーA，Bの期待利得関数は，それぞれ

$$\begin{aligned} E_A(\boldsymbol{x}, \boldsymbol{y}) = & a_{11}x_1y_1 + a_{12}x_1y_2 + \cdots + a_{1n}x_1y_n \\ & + a_{21}x_2y_1 + a_{22}x_2y_2 + \cdots + a_{2n}x_2y_n \\ & \cdots\cdots\cdots\cdots \\ & + a_{m1}x_my_1 + a_{m2}x_my_2 + \cdots + a_{mn}x_my_n \\ E_B(\boldsymbol{x}, \boldsymbol{y}) = & b_{11}x_1y_1 + b_{12}x_1y_2 + \cdots + b_{1n}x_1y_n \\ & + b_{21}x_2y_1 + b_{22}x_2y_2 + \cdots + b_{2n}x_2y_n \\ & \cdots\cdots\cdots\cdots \\ & + b_{m1}x_my_1 + b_{m2}x_my_2 + \cdots + b_{mn}x_my_n \end{aligned}$$

となる．このとき，混合戦略の組$(\boldsymbol{x}^*, \boldsymbol{y}^*)$が

$$\begin{aligned} E_A(\boldsymbol{x}^*, \boldsymbol{y}^*) &= \max_{\boldsymbol{x}} E_A(\boldsymbol{x}, \boldsymbol{y}^*) \\ E_B(\boldsymbol{x}^*, \boldsymbol{y}^*) &= \max_{\boldsymbol{y}} E_B(\boldsymbol{x}^*, \boldsymbol{y}) \end{aligned}$$

を満たすとき，混合戦略$(\boldsymbol{x}^*, \boldsymbol{y}^*)$を**ナッシュ均衡点**という．混合戦略$\boldsymbol{x}^*, \boldsymbol{y}^*$をそれぞれ，A, Bの**ナッシュ均衡戦略**という．$v = (E_A(\boldsymbol{x}^*, \boldsymbol{y}^*), E_B(\boldsymbol{x}^*, \boldsymbol{y}^*))$を$(\boldsymbol{x}^*, \boldsymbol{y}^*)$における**均衡利得**という．

一般的に次が成り立つ．

定理7 (ナッシュ) 双行列ゲームにおいて，混合戦略として，少なくとも1個のナッシュ均衡点が存在する．

♣ コラム ♣

一般に，空間 X から X への写像 f に対して，$f(x) = x$ となる X の点 x を不動点と呼ぶ．不動点に関する定理には，Brouwer の不動点定理，Schauder の不動点定理など種々の定理がある．ナッシュの定理の証明には「有限次元のユークリッド空間の有界な閉凸集合上の半連続な写像は不動点を持つ」という「角谷の不動点定理」が使われる．角谷静夫は 1911 年大阪生まれの数学者で，様々な数学の分野において，多くの優れた論文を残している．長い間 Yale 大学の教授として，研究と教育に多大な足跡を残し，2004 年 8 月にその生涯を閉じた．

ゼロ和 2 人ゲームの場合：

ナッシュ均衡点はゼロ和 2 人ゲームにおける鞍点になっている．$E(\boldsymbol{x}, \boldsymbol{y})$ をゼロ和 2 人ゲームの場合の期待利得とする．このとき，

$$E_A(\boldsymbol{x}, \boldsymbol{y}) = E(\boldsymbol{x}, \boldsymbol{y})$$
$$E_B(\boldsymbol{x}, \boldsymbol{y}) = -E(\boldsymbol{x}, \boldsymbol{y})$$

であるから，$(\boldsymbol{x}^*, \boldsymbol{y}^*)$ をナッシュ均衡点とすると，定義より

$$E(\boldsymbol{x}^*, \boldsymbol{y}^*) = E_A(\boldsymbol{x}^*, \boldsymbol{y}^*) = \max_{\boldsymbol{x}} E_A(\boldsymbol{x}, \boldsymbol{y}^*) \geqq E_A(\boldsymbol{x}, \boldsymbol{y}^*) = E(\boldsymbol{x}, \boldsymbol{y}^*)$$

$$-E(\boldsymbol{x}^*, \boldsymbol{y}^*) = E_B(\boldsymbol{x}^*, \boldsymbol{y}^*) = \max_{\boldsymbol{y}} E_B(\boldsymbol{x}^*, \boldsymbol{y}) \geqq E_B(\boldsymbol{x}^*, \boldsymbol{y}) = -E(\boldsymbol{x}^*, \boldsymbol{y})$$

となる．したがって，

$$E(\boldsymbol{x}, \boldsymbol{y}^*) \leqq E(\boldsymbol{x}^*, \boldsymbol{y}^*) \leqq E(\boldsymbol{x}^*, \boldsymbol{y})$$

これは，$(\boldsymbol{x}^*, \boldsymbol{y}^*)$ が $E(\boldsymbol{x}, \boldsymbol{y})$ の鞍点であることを意味する．したがって，$\boldsymbol{x}^*, \boldsymbol{y}^*$ は，それぞれ A，B の最適混合戦略であることが分かる．

2.2.5 混合戦略のナッシュ均衡点

A, B の純粋戦略を, それぞれ i, j と表すことにする. 具体的には A には

$$i_i = (0, \cdots, 0, \underset{i\text{番目}}{\underset{\uparrow}{1}}, 0, \cdots, 0) = 戦略 A_i, \quad (i = 1, 2, \cdots, m)$$

の m 個の純粋戦略がある. 同様に, B には

$$j_j = (0, \cdots, 0, \underset{j\text{番目}}{\underset{\uparrow}{1}}, 0, \cdots, 0) = 戦略 B_j, \quad (j = 1, 2, \cdots, n)$$

の n 個の純粋戦略がある.

ナッシュ均衡点を求めるには次の定理が有用である.

定理 8 双行列ゲーム $M = (M_A, M_B)$ において, $(\boldsymbol{x}^*, \boldsymbol{y}^*)$ がナッシュ均衡点であるための必要十分条件は

$$E_A(\boldsymbol{x}^*, \boldsymbol{y}^*) \geqq E_A(\boldsymbol{i}_i, \boldsymbol{y}^*) \quad (i = 1, 2, \cdots, m) \tag{2.7}$$

$$E_B(\boldsymbol{x}^*, \boldsymbol{y}^*) \geqq E_B(\boldsymbol{x}^*, \boldsymbol{j}_j) \quad (j = 1, 2, \cdots, n) \tag{2.8}$$

が成り立つことである.

[説明] $(\boldsymbol{x}^*, \boldsymbol{y}^*)$ がナッシュ均衡点ならば, 明らかに (2.7) と (2.8) は成り立つ. 逆に, (2.7) と (2.8) が成り立つとする. $E_A(\boldsymbol{x}, \boldsymbol{y})$ を行列で表現すると

$$E_A(\boldsymbol{x}, \boldsymbol{y}) = \boldsymbol{x} M_A{}^t\boldsymbol{y}$$

である. ただし, ^{t} はベクトル, あるいは行列の**転置**を表す. このとき,

$$\sum_{i=1}^m x_i E_A(\boldsymbol{i}_i, \boldsymbol{y}) = \sum_{i=1}^m x_i \boldsymbol{i}_i M_A{}^t\boldsymbol{y}$$
$$= \boldsymbol{x} M_A{}^t\boldsymbol{y} = E_A(\boldsymbol{x}, \boldsymbol{y})$$

が成り立つ. したがって, (2.7) の両辺に, $\sum_{i=1}^m x_i = 1$ を満たす任意の x_i をかけて和をとると

$$\sum_{i=1}^m x_i E_A(\boldsymbol{x}^*, \boldsymbol{y}^*) \geqq \sum_{i=1}^m x_i E_A(\boldsymbol{i}_i, \boldsymbol{y}^*) = E_A(\boldsymbol{x}, \boldsymbol{y}^*)$$
$$\therefore E_A(\boldsymbol{x}^*, \boldsymbol{y}^*) \geqq E_A(\boldsymbol{x}, \boldsymbol{y}^*)$$

が示される．同様に，(2.8) より
$$E_B(\boldsymbol{x}^*, \boldsymbol{y}^*) \geqq E_B(\boldsymbol{x}^*, \boldsymbol{y})$$
も示すことができる．よって，$(\boldsymbol{x}^*, \boldsymbol{y}^*)$ はナッシュ均衡点である． ■

最適反応集合

$$D_A = \{(\boldsymbol{x}, \boldsymbol{y}) : E_A(\boldsymbol{x}, \boldsymbol{y}) \geqq E_A(\boldsymbol{i}_i, \boldsymbol{y}) \ (i = 1, 2, \cdots, m), S_B \text{の任意の} \boldsymbol{y}\}$$

とおく．B の戦略 $\boldsymbol{y}$ に対して，D_A に属す $(\boldsymbol{x}, \boldsymbol{y})$ を取り出すと，$\boldsymbol{x}$ は，期待利得 E_A を最大にするという意味で，戦略 $\boldsymbol{y}$ に対する**最適反応戦略**になっている．したがって，D_A を A の**最適反応集合**ということにする．同様に，

$$D_B = \{(\boldsymbol{x}, \boldsymbol{y}) : E_B(\boldsymbol{x}, \boldsymbol{y}) \geqq E_B(\boldsymbol{y}, \boldsymbol{j}_j) \ (j = 1, 2, \cdots, n), S_A \text{の任意の} \boldsymbol{x}\}$$

とおき，B の**最適反応集合**と呼ぶ．

ナッシュ均衡点の集合を D とおくと，定理 8 より

$$D = D_A \cap D_B$$

となる．

例題 18 次の利得行列で決まるゲームの混合戦略としてのナッシュ均衡点を求めよ．

A \ B	B_1	B_2
A_1	(5, 4)	(2, 8)
A_2	(1, 7)	(3, 6)

[解] A の混合戦略を $\boldsymbol{x} = (x_1, x_2), x_1 \geqq 0, x_2 \geqq 0, x_1 + x_2 = 1$，
B の混合戦略を $\boldsymbol{y} = (y_1, y_2), y_1 \geqq 0, y_2 \geqq 0, y_1 + y_2 = 1$
とする．$x = x_1, y = y_1$ とおく．

◎ **A の立場で考える：** A の期待利得は

$$E_A(\boldsymbol{x}, \boldsymbol{y}) = 5xy + 2x(1-y) + (1-x)y + 3(1-x)(1-y)$$

である．このとき，

$$E_A(\boldsymbol{i}_1, \boldsymbol{y}) = 5y + 2(1-y)$$
$$E_A(\boldsymbol{i}_2, \boldsymbol{y}) = y + 3(1-y)$$

定理 8 より

$$5xy + 2x(1-y) + (1-x)y + 3(1-x)(1-y) \geqq 5y + 2(1-y) \quad (2.9)$$
$$5xy + 2x(1-y) + (1-x)y + 3(1-x)(1-y) \geqq y + 3(1-y) \quad (2.10)$$

式 (2.9) について

$$5y(x-1) + 2(x-1)(1-y) + (1-x)y + 3(1-x)(1-y) \geqq 0$$
$$\therefore (5y-1)(1-x) \leqq 0$$

よって

$$\begin{cases} 0 \leqq y \leqq \frac{1}{5} & \Rightarrow 0 \leqq x \leqq 1 \\ \frac{1}{5} < y \leqq 1 & \Rightarrow x = 1 \end{cases}$$

式 (2.10) について

$$5xy + 2x(1-y) - xy - 3x(1-y) \geqq 0$$
$$\therefore x(5y-1) \geqq 0$$

よって

$$\begin{cases} 0 \leqq y < \frac{1}{5} & \Rightarrow x = 0 \\ \frac{1}{5} \leqq y \leqq 1 & \Rightarrow 0 \leqq x \leqq 1 \end{cases}$$

式 (2.9) と式 (2.10) の結果を合わせると

$$\begin{cases} 0 \leqq y < \frac{1}{5} & \Rightarrow x = 0 \\ y = \frac{1}{5} & \Rightarrow 0 \leqq x \leqq 1 \\ \frac{1}{5} < y \leqq 1 & \Rightarrow x = 1 \end{cases}$$

となる．すなわち，

$$D_A = \left\{ (x,y): \begin{array}{l} x = 0 \text{ かつ } 0 \leqq y < \frac{1}{5}, \\ 0 \leqq x \leqq 1 \text{ かつ } y = \frac{1}{5}, \\ x = 1 \text{ かつ } \frac{1}{5} < y \leqq 1 \end{array} \right\}$$

である．図示すると，図 2.4 の左図になる．

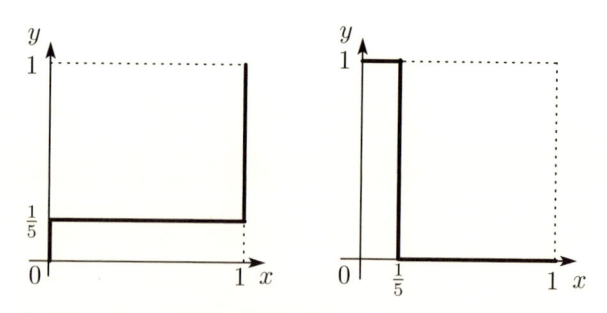

図 2.4 左：A の最適混合戦略，右：B の最適混合戦略

◎ B の立場で考える： B の期待利得は

$$E_B(\boldsymbol{x},\boldsymbol{y}) = 4xy + 8x(1-y) + 7(1-x)y + 6(1-x)(1-y)$$

このとき

$$E_B(\boldsymbol{x},\boldsymbol{j}_1) = 4x + 7(1-x)$$
$$E_B(\boldsymbol{x},\boldsymbol{j}_2) = 8x + 6(1-x)$$

定理 8 より

$$4xy + 8x(1-y) + 7(1-x)y + 6(1-x)(1-y) \geqq 4x + 7(1-x) \quad (2.11)$$
$$4xy + 8x(1-y) + 7(1-x)y + 6(1-x)(1-y) \geqq 8x + 6(1-x) \quad (2.12)$$

式 (2.11) について

$$4x(y-1) + 8x(1-y) + 7(1-x)(y-1) + 6(1-x)(1-y) \geqq 0$$
$$\therefore (5x-1)(1-y) \geqq 0$$

よって

$$\begin{cases} 0 \leqq x < \frac{1}{5} & \Rightarrow y = 1 \\ \frac{1}{5} \leqq x \leqq 1 & \Rightarrow 0 \leqq y \leqq 1 \end{cases}$$

式 (2.12) について

$$4xy - 8xy + 7(1-x)y - 6(1-x)y \geqq 0$$
$$\therefore (5x-1)y \leqq 0$$

よって

$$\begin{cases} 0 \leqq x \leqq \frac{1}{5} & \Rightarrow 0 \leqq y \leqq 1 \\ \frac{1}{5} < x \leqq 1 & \Rightarrow y = 0 \end{cases}$$

式 (2.11) と式 (2.12) の結果を合わせると

$$\begin{cases} 0 \leqq x < \frac{1}{5} & \Rightarrow y = 1 \\ x = \frac{1}{5} & \Rightarrow 0 \leqq y \leqq 1 \\ \frac{1}{5} < x \leqq 1 & \Rightarrow y = 0 \end{cases}$$

となる．すなわち，

$$D_B = \left\{ (x,y): \begin{array}{l} 0 \leqq x < \frac{1}{5} \text{ かつ } y = 1, \\ x = \frac{1}{5} \text{ かつ } 0 \leqq y \leqq 1, \\ \frac{1}{5} < x \leqq 1 \text{ かつ } y = 0 \end{array} \right\}$$

である．図示すると，図 2.4 の右図になる．合わせると，

$$D = D_A \cap D_B = \left\{ (x,y): x = \frac{1}{5}, y = \frac{1}{5} \right\}$$

であり，結局混合問題としてのナッシュ均衡点は 1 個ある．グラフを書くと，図 2.5 のようになる．

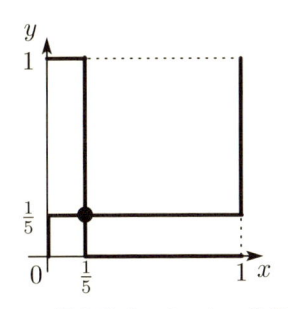

図 **2.5** 混合戦略のナッシュ均衡点

（答） 混合問題としてのナッシュ均衡点は 1 個ある．A のナッシュ均衡戦略は $\left(\frac{1}{5}, \frac{4}{5}\right)$ で，B のナッシュ均衡戦略は $\left(\frac{1}{5}, \frac{4}{5}\right)$ となる．そのときの利得は，$(A, B) = \left(\frac{13}{5}, \frac{32}{5}\right)$ である．

2.2.6 混合問題としてのナッシュ均衡点を求める演習（1）

演習 8 次の利得行列で決まるゲームの混合問題としてのナッシュ均衡点を求めよ．

A \ B	B_1	B_2
A_1	(6,5)	(4,6)
A_2	(3,7)	(5,4)

上の問題を以下の手順で答えよ．

Aの混合戦略を $\boldsymbol{x}=(x_1,x_2), x_1 \geqq 0, x_2 \geqq 0, x_1+x_2=1$，
Bの混合戦略を $\boldsymbol{y}=(y_1,y_2), y_1 \geqq 0, y_2 \geqq 0, y_1+y_2=1$
とする．$x=x_1, y=y_1$ とおく．

◎ **Aの立場で考える：**

問 1． Aの期待利得は

$$E_A(\boldsymbol{x},\boldsymbol{y}) = \boxed{}$$

となる．このとき，Aの純粋戦略 $\boldsymbol{i}_1, \boldsymbol{i}_2$ に対して

$$E_A(\boldsymbol{i}_1, \boldsymbol{y}) = \boxed{}$$

$$E_A(\boldsymbol{i}_2, \boldsymbol{y}) = \boxed{}$$

問 2． 定理8より次の不等式が成り立つ．

① $E_A(\boldsymbol{x},\boldsymbol{y}) \geqq E_A(\boldsymbol{i}_1, \boldsymbol{y})$
$\iff \boxed{}$

② $E_A(\boldsymbol{x},\boldsymbol{y}) \geqq E_A(\boldsymbol{i}_2, \boldsymbol{y})$
$\iff \boxed{}$

①を解くと

$$\boxed{} \leqq 0$$

よって

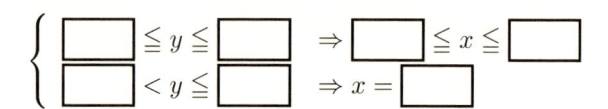

$$\begin{cases} \boxed{} \leqq y \leqq \boxed{} \Rightarrow \boxed{} \leqq x \leqq \boxed{} \\ \boxed{} < y \leqq \boxed{} \Rightarrow x = \boxed{} \end{cases}$$

②を解くと

$$\boxed{} \geqq 0$$

よって

$$\begin{cases} \boxed{} \leqq y \leqq \boxed{} & \Rightarrow x = \boxed{} \\ \boxed{} < y \leqq \boxed{} & \Rightarrow \boxed{} \leqq x \leqq \boxed{} \end{cases}$$

③ 式①と式②の結果を合わせると

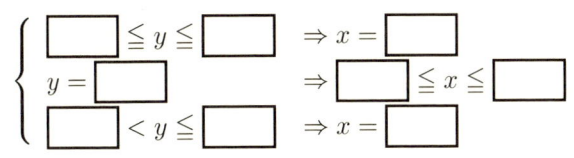

$$\begin{cases} \boxed{} \leqq y \leqq \boxed{} & \Rightarrow x = \boxed{} \\ y = \boxed{} & \Rightarrow \boxed{} \leqq x \leqq \boxed{} \\ \boxed{} < y \leqq \boxed{} & \Rightarrow x = \boxed{} \end{cases}$$

となる．したがって，D_A をグラフで表すと次のようになる．

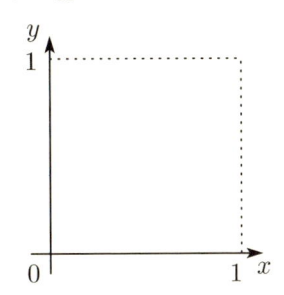

◎ B の立場で考える：

問 3. B の期待利得は

$$E_B(\boldsymbol{x}, \boldsymbol{y}) = \boxed{}$$

となる．このとき，B の純粋戦略 $\boldsymbol{j}_1, \boldsymbol{j}_2$ に対して

$$E_B(\boldsymbol{x}, \boldsymbol{j}_1) = \boxed{}$$
$$E_B(\boldsymbol{x}, \boldsymbol{j}_2) = \boxed{}$$

問 4. 定理 8 より次の不等式が成り立つ．

④ $E_B(\boldsymbol{x}, \boldsymbol{y}) \geqq E_B(\boldsymbol{x}, \boldsymbol{j}_1)$

$$\iff \boxed{}$$

⑤ $E_B(\boldsymbol{x}, \boldsymbol{y}) \geqq E_B(\boldsymbol{x}, \boldsymbol{j}_2)$

$$\iff \boxed{}$$

118　第2章　ゲーム理論

④を解くと

$$\boxed{} \geqq 0$$

よって

$$\begin{cases} \boxed{} \leqq x \leqq \boxed{} & \Rightarrow y = \boxed{} \\ \boxed{} < x \leqq \boxed{} & \Rightarrow \boxed{} \leqq y \leqq \boxed{} \end{cases}$$

⑤を解くと

$$\boxed{} \leqq 0$$

よって

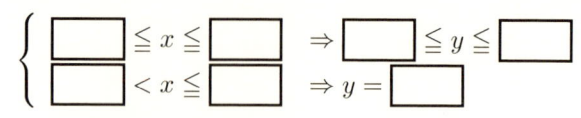

$$\begin{cases} \boxed{} \leqq x \leqq \boxed{} & \Rightarrow \boxed{} \leqq y \leqq \boxed{} \\ \boxed{} < x \leqq \boxed{} & \Rightarrow y = \boxed{} \end{cases}$$

⑥　式④と式⑤の結果を合わせると

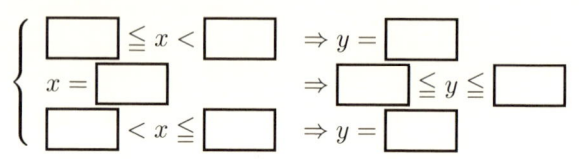

$$\begin{cases} \boxed{} \leqq x < \boxed{} & \Rightarrow y = \boxed{} \\ x = \boxed{} & \Rightarrow \boxed{} \leqq y \leqq \boxed{} \\ \boxed{} < x \leqq \boxed{} & \Rightarrow y = \boxed{} \end{cases}$$

となる．したがって，D_B をグラフで表すと次のようになる．

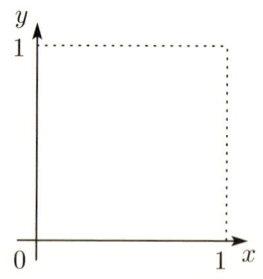

問5. ③と⑥の結果を合わせて，D のグラフを書くと次のようになる．

2.2 2人非ゼロ和ゲーム   119

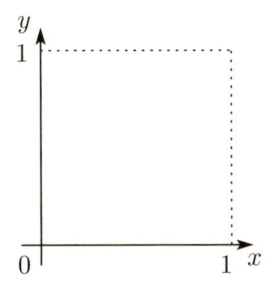

[図: xy 平面、$0 \le x \le 1$, $0 \le y \le 1$ の破線の正方形]

混合問題としてのナッシュ均衡点は，共有点になっているので求めると，

(答) 混合戦略問題としてのナッシュ均衡点は $(x,y) = $ ▭ の ▭ 点である．そのときの均衡利得は，$(E_A, E_B) = ($ ▭ , ▭ $)$ である． ∎

♠ **コラム** ♠

ナッシュ (J.F.Nash Jr.) は1928年生まれの数学者であり，1994年に「非協力ゲームの理論における均衡の先駆的分析」により，ヨハン・ハーサニー (J. C. Harsanyi)，ラインハルト・ゼルテン (R. Selten) と共にノーベル経済学賞を受賞した．

「非協力ゲーム理論」の基礎になる「ナッシュ均衡」の存在を角谷の不動点定理を用いて示したのは，21才の時に書いたプリンストン大学の博士論文であった．将来を約束されたキャリアが始まったばかりの1958年，ナッシュは精神分裂症に襲われた．妻アリシアや友人らの支えの中で，闘病生活を続け，ついには，晴れやかなノーベル授賞式で立派に記念講演を行うところまで回復した．

その生涯については，2001年公開の映画ビューティフル・マインド（原題：A BEAUTIFUL MIND）で脚光を浴びることになった．この映画はアカデミー賞の作品，監督，脚色，助演女優の主要4部門で受賞した．

2.2.7 囚人のジレンマの混合戦略

A, B が共に「共犯を自供」が強支配戦略になっているので,「共犯を自供」の組がただ 1 つのナッシュ均衡点になっていることは分かっている.しかし,練習のために,例題 13 を混合戦略として解いてみよう.ここでも,分かりやすいように,刑が短いほど,利得が高い形に書き直した利得表を利用する.

例題 19 次の利得行列で決まるゲームの混合戦略としてのナッシュ均衡点を求めよ.

A \ B	黙秘	共犯を自供
黙秘	(7, 7)	(0, 9)
共犯を自供	(9, 0)	(5, 5)

[解] A, B の「黙秘」戦略を,それぞれ確率 x_1, y_1,「共犯を自供」戦略をそれぞれ確率 x_2, y_2 とする.
A の混合戦略を $\boldsymbol{x} = (x_1, x_2), x_1 \geqq 0, x_2 \geqq 0, x_1 + x_2 = 1$,
B の混合戦略を $\boldsymbol{y} = (y_1, y_2), y_1 \geqq 0, y_2 \geqq 0, y_1 + y_2 = 1$
とする.$x = x_1, y = y_1$ とおく.

◎ **A の立場で考える:**

A の期待利得は

$$E_A(\boldsymbol{x}, \boldsymbol{y}) = 7xy + 9(1-x)y + 5(1-x)(1-y)$$

このとき,

$$E_A(\boldsymbol{i}_1, \boldsymbol{y}) = 7y$$
$$E_A(\boldsymbol{i}_2, \boldsymbol{y}) = 9y + 5(1-y)$$

定理 8 より

$$7xy + 9(1-x)y + 5(1-x)(1-y) \geqq 7y \qquad (2.13)$$
$$7xy + 9(1-x)y + 5(1-x)(1-y) \geqq 9y + 5(1-y) \qquad (2.14)$$

式 (2.13) について
$$7(x-1)y + 9(1-x)y + 5(1-x)(1-y) \geqq 0$$
$$\therefore (7y - 9y + 5y - 5)(x - 1) \geqq 0$$
$$\therefore (3y - 5)(x - 1) \geqq 0$$

よって
$$0 \leqq x \leqq 1, 0 \leqq y \leqq 1$$

式 (2.14) について
$$7xy + 9(-x)y + 5(-x)(1-y) \geqq 0$$
$$\therefore (7y - 9y + 5y - 5)x \geqq 0$$
$$\therefore (3y - 5)x \geqq 0$$

よって
$$x = 0$$

式 (2.13) と式 (2.14) の結果を合わせると
$$D_A = \{(0, y) : 0 \leqq y \leqq 1\}$$

となる．

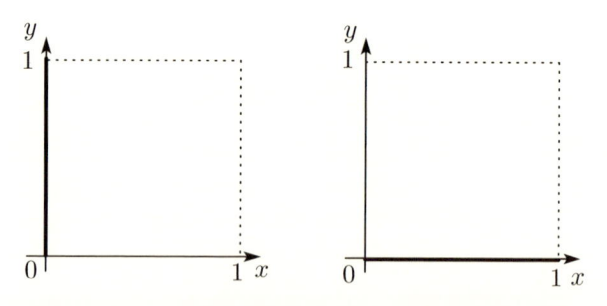

図 2.6　左：A の最適混合戦略，右：B の最適混合戦略

◎ B の立場で考える：

B の期待利得は
$$E_B(\boldsymbol{x}, \boldsymbol{y}) = 7xy + 9x(1-y) + 5(1-x)(1-y)$$

このとき
$$E_B(\boldsymbol{x}, \boldsymbol{j}_1) = 7x$$
$$E_B(\boldsymbol{x}, \boldsymbol{j}_2) = 9x + 5(1-x)$$

定理 8 より
$$7xy + 9x(1-y) + 5(1-x)(1-y) \geqq 7x \tag{2.15}$$
$$7xy + 9x(1-y) + 5(1-x)(1-y) \geqq 9x + 5(1-x) \tag{2.16}$$

式 (2.15) について
$$7x(y-1) + 9x(1-y) + 5(1-x)(1-y) \geqq 0$$
$$\therefore (-7x + 9x + 5 - 5x)(1-y) \geqq 0$$
$$\therefore (5-3x)(1-y) \geqq 0$$

よって
$$0 \leqq x \leqq 1, 0 \leqq y \leqq 1$$

式 (2.16) について
$$7xy + 9x(-y) + 5(1-x)(-y) \geqq 0$$
$$\therefore (7x - 9x - 5 + 5x)y \geqq 0$$
$$\therefore (3x - 5)y \geqq 0$$

よって
$$y = 0$$

式 (2.15) と式 (2.16) の結果を合わせると
$$D_B = \{(x, 0) : 0 \leqq x \leqq 1\}$$

A と B の場合を合わせると,
$$D = D_A \cap D_B = \{(0,0)\}$$

グラフを書くと次のようになる (図 2.7).

結局混合戦略としてのナッシュ均衡点は 1 つある.

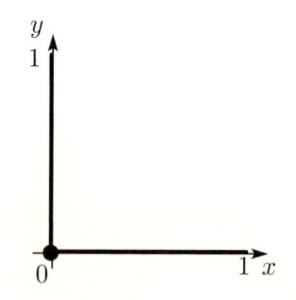

図 2.7　混合戦略のナッシュ均衡点

（答）　混合戦略としてのナッシュ均衡点は 1 個ある．A のナッシュ均衡戦略は $(0,1)$ で，B のナッシュ均衡戦略は $(0,1)$ となる．すなわち，A, B 共に「共犯を自供」がナッシュ均衡戦略になる．そのときの均衡利得は，$(E_A, E_B) = (5,5)$ である．

2.2.8　非協力ゲームの実現可能集合

混合戦略を考えると，実現可能な利得の組は拡大する．プレイヤー A, B のとりうることができる利得の集合を**実現可能集合**という．すなわち，A, B の混合戦略の集合を，$x = x_1, x_2 = 1 - x$, $y = y_1, y_2 = 1 - y$ として，$S_A = \{x : (x, 1-x)\}$, $S_B = \{y : (y, 1-y)\}$ と表すとき，

$$R = \{(E_A(x, 1-x), E_B(y, 1-y)) : x \in S_A, y \in S_B\}$$

を実現可能集合という．

例題 16 を混合戦略として考えてみよう．

例題 20 (逢い引きのジレンマ) 1組の男女, A と B がいる. 2人は, これからミュージカルに行くか, サッカー観戦に行くかを念頭においている. 女性は, サッカーも嫌いではないが, ミュージカルをより好み, 男性は, ミュージカルも嫌いではないが, サッカー観戦をより好んでいるという. 思いが同じになれば幸せだが, お互いに対立すると不幸な事態だと考えている. 以上を鑑み, 利得行列は次のように与えられているとする.

A \ B	B_1(サッカー)	B_2(ミュージカル)
A_1(サッカー)	$(2,1)$	$(-1,-1)$
A_2(ミュージカル)	$(-1,-1)$	$(1,2)$

このとき, このゲームの混合戦略としてのナッシュ均衡点を求めよ. また, 非協力実現可能集合を求めよ.

[解] A の混合戦略を $\bm{x} = (x_1, x_2), x_1 \geqq 0, x_2 \geqq 0, x_1 + x_2 = 1$,
B の混合戦略を $\bm{y} = (y_1, y_2), y_1 \geqq 0, y_2 \geqq 0, y_1 + y_2 = 1$
とする. $x = x_1, y = y_1$ とおく.

$1°$. ナッシュの均衡点を求める.

◎ A の立場で考える:

A の期待利得は

$$E_A(\bm{x}, \bm{y}) = 2xy - x(1-y) - (1-x)y + (1-x)(1-y)$$

このとき,

$$E_A(\bm{i}_1, \bm{y}) = -y + (1-y)$$
$$E_A(\bm{i}_2, \bm{y}) = 2y - (1-y)$$

定理 8 より

$$2xy - x(1-y) - (1-x)y + (1-x)(1-y) \geqq -y + (1-y) \quad (2.17)$$
$$2xy - x(1-y) - (1-x)y + (1-x)(1-y) \geqq 2y - (1-y) \quad (2.18)$$

式 (2.17) について

$$2xy - x(1-y) - (-x)y + (-x)(1-y) \geqq 0$$
$$\therefore x(2y - 1 + y + y - 1 + y) \geqq 0$$
$$\therefore x(5y - 2) \geqq 0$$

よって

$$\begin{cases} x = 0 & \Rightarrow 0 \leqq y \leqq 1 \\ 0 < x \leqq 1 & \Rightarrow \frac{2}{5} \leqq y \leqq 1 \\ y = \frac{2}{5} & \Rightarrow 0 \leqq x \leqq 1 \end{cases}$$

式 (2.18) について

$$2(x-1)y - (x-1)(1-y) - (1-x)y + (1-x)(1-y) \geqq 0$$
$$\therefore (2y - 1 + y + y + y - 1)(x-1) \geqq 0$$
$$\therefore (5y - 2)(x - 1) \geqq 0$$

よって

$$\begin{cases} x = 1 & \Rightarrow 0 \leqq y \leqq 1 \\ 0 \leqq x < 1 & \Rightarrow 0 \leqq y \leqq \frac{2}{5} \\ y = \frac{2}{5} & \Rightarrow 0 \leqq x \leqq 1 \end{cases}$$

式 (2.17) と式 (2.18) の結果を合わせると

$$D_A = \left\{ (x, y) : \begin{array}{l} x = 0 \text{ かつ } 0 \leqq y \leqq \frac{2}{5}, \\ 0 \leqq x \leqq 1 \text{ かつ } y = \frac{2}{5}, \\ x = 1 \text{ かつ } \frac{2}{5} \leqq y \leqq 1 \end{array} \right\}$$

となる.

◎ B の立場で考える：

B の期待利得は

$$E_B(\boldsymbol{x}, \boldsymbol{y}) = xy - x(1-y) - (1-x)y + 2(1-x)(1-y)$$

このとき

$$E_B(\boldsymbol{x}, \boldsymbol{j}_1) = -x + 2(1-x)$$
$$E_B(\boldsymbol{x}, \boldsymbol{j}_2) = x - (1-x)$$

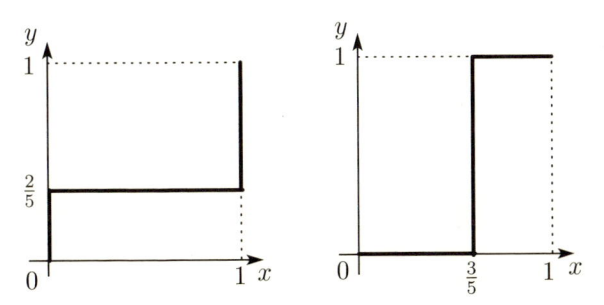

図 2.8　左：A の最適混合戦略，右：B の最適混合戦略

定理 8 より

$$xy - x(1-y) - (1-x)y + 2(1-x)(1-y) \geqq -x + 2(1-x) \quad (2.19)$$

$$xy - x(1-y) - (1-x)y + 2(1-x)(1-y) \geqq x - (1-x) \quad (2.20)$$

式 (2.19) について

$$xy - x(-y) - (1-x)y + 2(1-x)(-y) \geqq 0$$

$$\therefore (x + x - 1 + x - 2 + 2x)y \geqq 0$$

$$\therefore y(5x - 3) \geqq 0$$

よって

$$\begin{cases} y = 0 & \Rightarrow 0 \leqq x \leqq 1 \\ 0 < y \leqq 1 & \Rightarrow \frac{2}{5} \leqq x \leqq 1 \\ x = \frac{3}{5} & \Rightarrow 0 \leqq y \leqq 1 \end{cases}$$

式 (2.20) について

$$x(y-1) - x(1-y) - (1-x)(y-1) + 2(1-x)(1-y) \geqq 0$$

$$\therefore (x + x + x - 1 + 2x - 2)(y - 1) \geqq 0$$

$$\therefore (5x - 3)(y - 1) \geqq 0$$

よって

$$\begin{cases} y = 1 & \Rightarrow 0 \leqq x \leqq 1 \\ 0 \leqq y < 1 & \Rightarrow 0 \leqq y \leqq \frac{3}{5} \\ x = \frac{3}{5} & \Rightarrow 0 \leqq y \leqq 1 \end{cases}$$

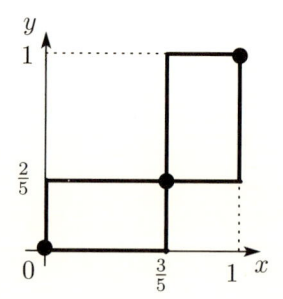

図 2.9 混合戦略のナッシュ均衡点

式 (2.19) と式 (2.20) の結果を合わせると

$$D_B = \left\{ (x,y): \begin{array}{l} y=0 \text{ かつ } 0 \leqq x \leqq \frac{3}{5}, \\ y=1 \text{ かつ } \frac{3}{5} \leqq x \leqq 1, \\ x=\frac{3}{5} \text{ かつ } 0 \leqq y \leqq 1 \end{array} \right\}$$

A と B の場合を合わせると,

$$D = D_A \cap D_B = \{(0,0), (\frac{3}{5}, \frac{2}{5}), (1,1)\}$$

グラフを書くと次のようになる (図 2.9). 結局混合戦略としてのナッシュ均衡点は 3 個ある.

> **(答)** 混合戦略としてのナッシュ均衡点は 3 個ある.
> - A のナッシュ均衡戦略は $(0,1)$ で, B のナッシュ均衡戦略は $(0,1)$ である. 均衡利得は $(E_A, E_B) = (1,2)$ となる.
> - A のナッシュ均衡戦略は $(3/5, 2/5)$ で, B のナッシュ均衡戦略は $(2/5, 3/5)$ である. 均衡利得は $(E_A, E_B) = (1/5, 1/5)$ となる.
> - A のナッシュ均衡戦略は $(1,0)$ で, B のナッシュ均衡戦略は $(1,0)$ である. 均衡利得は $(E_A, E_B) = (2,1)$ となる.

2°. 実現可能集合を求める.

x, y が $0 \leqq x, y \leqq 1$ を変化する間に, $(E_A(x,y), E_B(x,y))$ のとる範囲を求め

よう.

$$
\begin{align}
X = E_A(\boldsymbol{x}, \boldsymbol{y}) &= 2xy - x(1-y) - (1-x)y + (1-x)(1-y) \\
&= 5xy - 2(x+y) + 1 \tag{2.21} \\
Y = E_B(\boldsymbol{x}, \boldsymbol{y}) &= xy - x(1-y) - (1-x)y + 2(1-x)(1-y) \\
&= 5xy - 3(x+y) + 2 \tag{2.22}
\end{align}
$$

$a = x+y$, $b = xy$ とおき,まず,a, bの満たす範囲を求めよう.

x, y は,2 次方程式 $t^2 - at + b = 0$ の解になっていて,$0 \leqq x, y \leqq 1$ を満たす.そこで,$f(t) = t^2 - at + b$ とおくと,t 軸との交わりが,$0 \leqq t \leqq 1$ になるようにするには,

$$
\left\{
\begin{array}{l}
a^2 - 4b \geqq 0 \\
f(0) = b \geqq 0 \\
f(1) = 1 - a + b \geqq 0
\end{array}
\right\}
\quad
\begin{array}{l}
(t\text{軸と交わる条件}) \\
(\text{共有点は}[0,1]\text{に入る条件})
\end{array}
\tag{2.23}
$$

でなければならない.

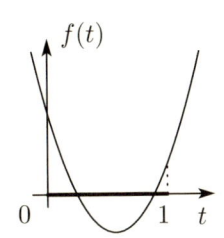

図 **2.10** t 軸との交わりが $[0, 1]$ になる場合

最後に,この範囲を (X, Y) の範囲に書き直そう.

$$
\begin{align}
a &= X - Y + 1 \\
b &= \frac{3X - 2Y + 1}{5}
\end{align}
$$

を (2.23) に代入する.

$$\begin{cases} (X-Y+1)^2 - 4\cdot\dfrac{3X-2Y+1}{5} \geqq 0 \\ \dfrac{3X-2Y+1}{5} \geqq 0 \\ 1-(X-Y+1) + \dfrac{3X-2Y+1}{5} \geqq 0 \end{cases}$$

となり，これを整理すると，実現可能集合が得られる．

(答)
$$\begin{cases} 5X^2 + 5Y^2 - 2X - 2Y - 10XY + 1 \geqq 0 \\ 3X - 2Y + 1 \geqq 0 \\ -2X + 3Y + 1 \geqq 0 \end{cases} \tag{2.24}$$

図示すると次のようになる．

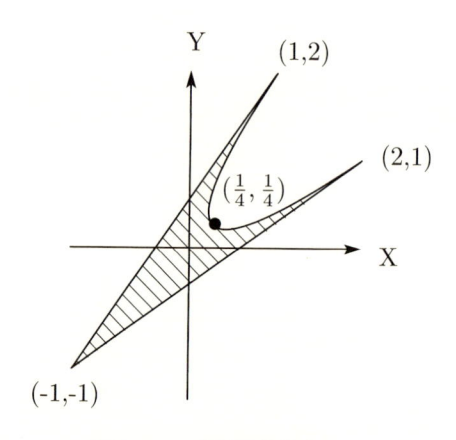

図 **2.11** 実現可能集合

注意

(1)
$$5X^2 + 5Y^2 - 2X - 2Y - 10XY + 1 = 0$$

は，この図形を 45° 回転する．点 (X,Y) を 45° 回転した点を $(\tilde{X},\tilde{Y})$ とすると，

$$\begin{bmatrix} \tilde{X} \\ \tilde{Y} \end{bmatrix} = \begin{bmatrix} \cos\frac{\pi}{4} & -\sin\frac{\pi}{4} \\ \sin\frac{\pi}{4} & \cos\frac{\pi}{4} \end{bmatrix} \begin{bmatrix} X \\ Y \end{bmatrix}$$

であるから，逆回転の公式を使って

$$\begin{bmatrix} X \\ Y \end{bmatrix} = \begin{bmatrix} \cos\frac{\pi}{4} & \sin\frac{\pi}{4} \\ -\sin\frac{\pi}{4} & \cos\frac{\pi}{4} \end{bmatrix} \begin{bmatrix} \tilde{X} \\ \tilde{Y} \end{bmatrix} = \begin{bmatrix} \frac{1}{\sqrt{2}} & \frac{1}{\sqrt{2}} \\ -\frac{1}{\sqrt{2}} & \frac{1}{\sqrt{2}} \end{bmatrix} \begin{bmatrix} \tilde{X} \\ \tilde{Y} \end{bmatrix}$$

$$= \begin{bmatrix} \frac{1}{\sqrt{2}}(\tilde{X}+\tilde{Y}) \\ \frac{1}{\sqrt{2}}(-\tilde{X}+\tilde{Y}) \end{bmatrix}$$

これを代入すると

$$\tilde{Y} = \frac{5\sqrt{2}}{2}\tilde{X}^2 + \frac{\sqrt{2}}{4}$$

という放物線になる．

(2) 混合戦略で求めた均衡点は，パレート最適になっていない．

2.2.9 クールノーの複占市場

無限の純粋戦略を持つ場合を考えよう．

クールノーによって定式化された複占市場の例を考えてみよう．

2つの企業 A, B は財を市場に供給している．その財の供給量は連続的に変化できるものとする．いま，ゲームの理論として考えるとき，A, B の純粋戦略をそれぞれの財の供給量 x, y とする．また，A, B 間においては，相談することはなく，非協力ゲームを考えることにする．このとき，次の状況を考える．

① 財の価格を p，市場の需要関数を $q = f(p)$ とする．価格は市場の需要量と供給量とが等しくなるように定まるものとする．つまり，$q = x + y$ が成立し，逆需要関数によって

$$p = f^{-1}(q) = f^{-1}(x+y)$$

と価格が定まるものとする．

② 企業の費用関数を，それぞれ，$C_A(x,y), C_B(x,y)$ とする．

③ 各社の利得（利潤）関数を

$$\pi_A = px - C_A$$
$$\pi_B = py - C_B$$

とし，企業はこの利潤を最大にするように行動ものとする．

> **例題 21** クールノーの複占市場モデルにおいて，
> ①の関数を
> $$p = a - b(x+y), \ (a>0, b>0)$$
> とし，$p \geqq 0$ となる範囲で，x, y を考える．
> ②の費用関数を
> $$C_A(x, y) = c_A x, \ (a > c_A > 0)$$
> $$C_B(x, y) = c_B y, \ (a > c_B > 0)$$
> とする．このとき，ナッシュ均衡点を求めよ．

[解] ◎ A の立場で考える：A の利得集合は，

$$\pi_A = \{a - b(x+y)\}x - c_A x$$

という上に凸の2次関数であるから，最大になるときは

$$\frac{\partial \pi_A}{\partial x} = a - c_A - b(x+y) - bx = 0$$

である．よって，B の y という戦略に対する A の最適反応戦略は

$$\begin{cases} x = \dfrac{a-c_A}{2b} - \dfrac{y}{2} & \left(0 \leqq y \leqq \dfrac{a-c_A}{b} \text{ のとき}\right) \\ x = 0 & \left(\dfrac{a-c_A}{b} \leqq y \text{ のとき}\right) \end{cases}$$

となる．したがって，最適反応集合は

$$D_A = \left\{ (x,y) : \begin{array}{l} x = \dfrac{a-c_A}{2b} - \dfrac{y}{2} \\ x = 0 \end{array} \begin{array}{l} \left(0 \leqq y \leqq \dfrac{a-c_A}{b} \text{ のとき}\right) \\ \left(\dfrac{a-c_A}{b} \leqq y \text{ のとき}\right) \end{array} \right\}$$

となる．

◎ B の立場で考える：B の利得集合は，
$$\pi_B = \{a - b(x+y)\}y - c_B y$$
という上に凸の 2 次関数であるから，最大になるときは
$$\frac{\partial \pi_B}{\partial y} = a - c_B - b(x+y) - by = 0$$
である．よって，A の x という戦略に対する B の最適反応戦略は
$$\begin{cases} y = \dfrac{a-c_B}{2b} - \dfrac{x}{2} & \left(0 \leqq x \leqq \dfrac{a-c_B}{b} \text{ のとき}\right) \\ y = 0 & \left(\dfrac{a-c_B}{b} \leqq x \text{ のとき}\right) \end{cases}$$
したがって，最適反応集合は
$$D_B = \left\{ (x,y): \begin{array}{l} y = \dfrac{a-c_B}{2b} - \dfrac{x}{2} \\ y = 0 \end{array} \begin{array}{l} \left(0 \leqq x \leqq \dfrac{a-c_B}{b} \text{ のとき}\right) \\ \left(\dfrac{a-c_B}{b} \leqq x \text{ のとき}\right) \end{array} \right\}$$
となる．

図 2.12 最適反応集合

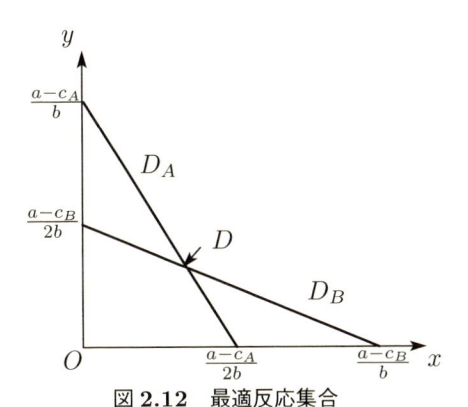

さて，以上を合わせて，ナッシュ均衡点の集合 D は，D_A と D_B の交わりであるから，グラフより
$$\begin{cases} x = \dfrac{a-c_A}{2b} - \dfrac{y}{2} \\ y = \dfrac{a-c_B}{2b} - \dfrac{x}{2} \end{cases}$$
の連立方程式を解く．

$$y = \frac{a-c_B}{2b} - \frac{1}{2}\left(\frac{a-c_A}{2b} - \frac{y}{2}\right)$$

$$\frac{3}{4}y = \frac{a-2c_B+c_A}{4b}$$

$$\therefore y = \frac{a-2c_B+c_A}{3b}$$

これより

$$\begin{aligned}
x &= \frac{a-c_A}{2b} - \frac{1}{2} \cdot \frac{a-2c_B+c_A}{3b} \\
  &= \frac{3(a-c_A)-(a-2c_B+c_A)}{6b} \\
  &= \frac{2a-4c_A+2c_B}{6b} \\
  &= \frac{a-2c_A+c_B}{3b}
\end{aligned}$$

となる．したがって，

$$D = D_A \cap D_B = \{(x,y) : x = \frac{a-2c_A+c_B}{3b}, y = \frac{a-2c_B+c_A}{3b}\}$$

である．このときの，利得は

$$\pi_A = \frac{(a-2C_A+C_B)^2}{9b}$$

$$\pi_B = \frac{(a-2C_B+C_A)^2}{9b}$$

である．

（答）混合戦略としてのナッシュ均衡点は 1 個ある．A のナッシュ均衡戦略は $\dfrac{a-2c_A+c_B}{3b}$ で，B のナッシュ均衡戦略は $\dfrac{a-2c_B+c_A}{3b}$ となる．そのときの均衡利得は，$(\pi_A, \pi_B) = \left(\dfrac{(a-2C_A+C_B)^2}{9b}, \dfrac{(a-2C_B+C_A)^2}{9b}\right)$ である．

∎

(a) 混合戦略としてのナッシュ均衡点を求める演習 (2)

演習 9 次の利得行列で決まるゲームの混合戦略としてのナッシュ均衡点を求めよ．

A \ B	B_1	B_2
A_1	(4,4)	(0,6)
A_2	(6,0)	(-2,-2)

上の問題を以下の手順で答えよ．

Aの混合戦略を $\bm{x}=(x_1,x_2), x_1 \geqq 0, x_2 \geqq 0, x_1+x_2=1$,
Bの混合戦略を $\bm{y}=(y_1,y_2), y_1 \geqq 0, y_2 \geqq 0, y_1+y_2=1$
とする．$x=x_1, y=y_1$ とおく．

◎ A の立場で考える：

問 1. A の期待利得は

$$E_A(\bm{x},\bm{y}) = \boxed{}$$

このとき，A の純粋戦略 $\bm{i}_1, \bm{i}_2$ に対して

$$E_A(\bm{i}_1,\bm{y}) = \boxed{}$$

$$E_A(\bm{i}_2,\bm{y}) = \boxed{}$$

問 2. 定理 8 より次の不等式が成り立つ．

① $E_A(\bm{x},\bm{y}) \geqq E_A(\bm{i}_1,\bm{y})$

$\Longleftrightarrow \boxed{}$

② $E_A(\bm{x},\bm{y}) \geqq E_A(\bm{i}_2,\bm{y})$

$\Longleftrightarrow \boxed{}$

①を解くと

$$\boxed{} \geqq 0$$

よって

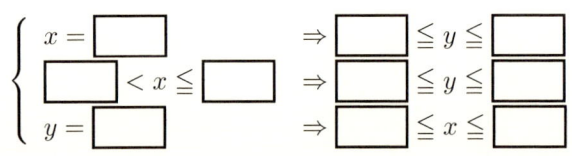

$$\begin{cases} x = \boxed{} & \Rightarrow \boxed{} \leq y \leq \boxed{} \\ \boxed{} < x \leq \boxed{} & \Rightarrow \boxed{} \leq y \leq \boxed{} \\ y = \boxed{} & \Rightarrow \boxed{} \leq x \leq \boxed{} \end{cases}$$

②を解くと

$$\boxed{} \geq 0$$

よって

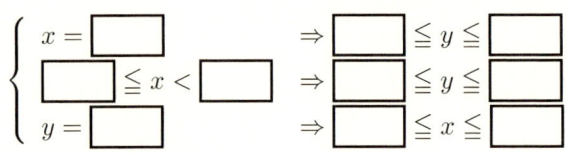

$$\begin{cases} x = \boxed{} & \Rightarrow \boxed{} \leq y \leq \boxed{} \\ \boxed{} \leq x < \boxed{} & \Rightarrow \boxed{} \leq y \leq \boxed{} \\ y = \boxed{} & \Rightarrow \boxed{} \leq x \leq \boxed{} \end{cases}$$

③ 式①と式②の結果を合わせると

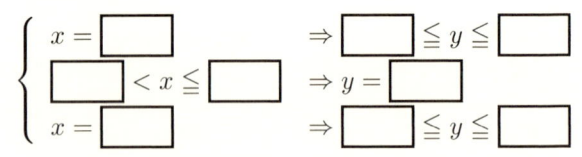

$$\begin{cases} x = \boxed{} & \Rightarrow \boxed{} \leq y \leq \boxed{} \\ \boxed{} < x \leq \boxed{} & \Rightarrow y = \boxed{} \\ x = \boxed{} & \Rightarrow \boxed{} \leq y \leq \boxed{} \end{cases}$$

となる．したがって，D_A をグラフで表すと次のようになる．

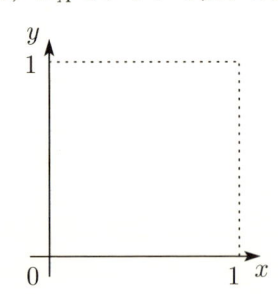

◎ Bの立場で考える：

問3. Bの期待利得は

$$E_B(\boldsymbol{x}, \boldsymbol{y}) = \boxed{}$$

となる．このとき，Bの純粋戦略 $\boldsymbol{j}_1, \boldsymbol{j}_2$ に対して

$$E_B(\boldsymbol{x}, \boldsymbol{j}_1) = \boxed{}$$
$$E_B(\boldsymbol{x}, \boldsymbol{j}_2) = \boxed{}$$

問4. 定理8より次の不等式が成り立つ．

④ $E_B(\boldsymbol{x},\boldsymbol{y}) \geqq E_B(\boldsymbol{x},\boldsymbol{j}_1)$
$\iff$ ☐

⑤ $E_B(\boldsymbol{x},\boldsymbol{y}) \geqq E_B(\boldsymbol{x},\boldsymbol{j}_2)$
$\iff$ ☐

④を解くと

☐ $\geqq 0$

よって

$$\begin{cases} y = \boxed{} & \Rightarrow \boxed{} \leqq x \leqq \boxed{} \\ \boxed{} < y \leqq \boxed{} & \Rightarrow \boxed{} \leqq x \leqq \boxed{} \\ x = \boxed{} & \Rightarrow \boxed{} \leqq y \leqq \boxed{} \end{cases}$$

⑤を解くと

☐ $\leqq 0$

よって

$$\begin{cases} y = \boxed{} & \Rightarrow \boxed{} \leqq x \leqq \boxed{} \\ \boxed{} \leqq y < \boxed{} & \Rightarrow \boxed{} \leqq x \leqq \boxed{} \\ x = \boxed{} & \Rightarrow \boxed{} \leqq y \leqq \boxed{} \end{cases}$$

⑥ 式④と式⑤の結果を合わせると

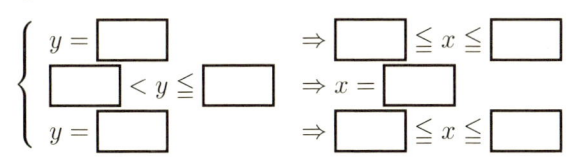

$$\begin{cases} y = \boxed{} & \Rightarrow \boxed{} \leqq x \leqq \boxed{} \\ \boxed{} < y \leqq \boxed{} & \Rightarrow x = \boxed{} \\ y = \boxed{} & \Rightarrow \boxed{} \leqq x \leqq \boxed{} \end{cases}$$

となる．したがって，D_B をグラフで表すと次のようになる．

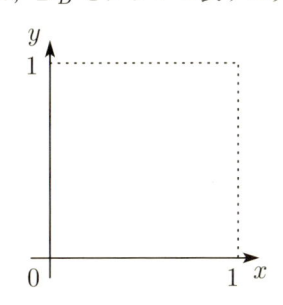

問 5. ③と⑥の結果を合わせて，

$$D = D_A \cap D_B = \{\boxed{}\}$$

D_A と D_B のグラフを基に，D のグラフを書くと次のようになる．

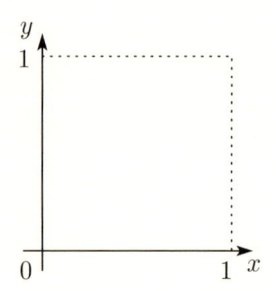

したがって，

(**答**) 混合戦略問題としてのナッシュ均衡点は 3 点ある．

- A のナッシュ均衡戦略は ($\boxed{}$, $\boxed{}$) で，B のナッシュ均衡戦略は ($\boxed{}$, $\boxed{}$) である．均衡利得は $(E_A, E_B) = ($\boxed{}$, $\boxed{}$)$ となる．

- A のナッシュ均衡戦略は ($\boxed{}$, $\boxed{}$) で，B のナッシュ均衡戦略は ($\boxed{}$, $\boxed{}$) である．均衡利得は $(E_A, E_B) = ($\boxed{}$, $\boxed{}$)$ となる．

- A のナッシュ均衡戦略は ($\boxed{}$, $\boxed{}$) で，B のナッシュ均衡戦略は ($\boxed{}$, $\boxed{}$) である．均衡利得は $(E_A, E_B) = ($\boxed{}$, $\boxed{}$)$ となる．

■

第2章2節練習問題

問 12 次の双利得行列が与えられたとき，最適戦略を求めよ．

A \ B	B_1	B_2	B_3
A_1	(5, 3)	(6, 5)	(4, 4)
A_2	(8, 4)	(7, 5)	(5, 3)

問 13 次の利得行列で決まるゲームのナッシュ均衡点を求めよ．

A \ B	B_1	B_2	B_3
A_1	(3, 6)	(5, 8)	(4, 5)
A_2	(5, 4)	(4, 6)	(3, 7)

問 14 次の利得行列で決まるゲームについての

(i) ナッシュ均衡点を求めよ．

(ii) 混合戦略としてのナッシュ均衡点を求めよ．

A \ B	B_1	B_2
A_1	(5, 4)	(0, 1)
A_2	(1, 0)	(3, 6)

演習・問題解答

演習問題

演習1 製品 A を $x = 6$ 単位, 製品 B を $y = 7$ 単位生産したとき, 最大の利潤をあげることができて, その額は 144 万円である.

演習2 製品 A を $x_1 = 14$ 単位, 製品 B を $x_2 = 0$ 単位, 製品 C を $x_3 = 4$ 単位生産したとき, 最大の利潤をあげることができて, その額は 68 万円である.

演習3 (演習 4 も同じ解答) 食品 P を $y_1 = 0$ 単位, 食品 Q を $y_2 = 2$ 単位, 食品 R を $y_3 = 1$ 単位購入したとき, 最小の費用であることが分かり, その額は 9 百円である.

演習5 最適解は $x_{11} = 2, x_{12} = 0, x_{13} = 7, x_{21} = 9, x_{22} = 0, x_{23} = 0, x_{31} = 1, x_{32} = 11, x_{33} = 0$ であり, そのときの輸送費は 159 である.

演習6 A の最適戦略は $\bm{x} = (5/6, 1/6)$, B の最適戦略は $\bm{y} = (1/2, 1/2)$ で, ゲーム値は $7/2$ である.

演習7 A の最適戦略は $\bm{x} = (6/7, 1/7)$, B の最適戦略は $\bm{y} = (3/7, 4/7)$ で, ゲーム値は $38/7$ である.

演習8 混合戦略問題としてのナッシュ均衡点は $(x, y) = (3/4, 1/4)$ の 1 点である. そのときの均衡利得は, $(E_A, E_B) = (9/2, 11/2)$ である.

演習9 混合戦略問題としてのナッシュ均衡点は 3 個ある.

- A のナッシュ均衡戦略は $(0, 1)$ で, B のナッシュ均衡戦略は $(1, 0)$ である. 均衡利得は $(E_A, E_B) = (6, 0)$ となる.
- A のナッシュ均衡戦略は $(1/2, 1/2)$ で, B のナッシュ均衡戦略は $(1/2, 1/2)$ である. 均衡利得は $(E_A, E_B) = (2, 2)$ となる.
- A のナッシュ均衡戦略は $(1, 0)$ で, B のナッシュ均衡戦略は $(0, 1)$ である. 均衡利得は $(E_A, E_B) = (0, 6)$ となる.

練習問題

第1章練習問題

問1 製品 A を 30 個, 製品 B を 20 個生産したとき, 最大の利潤をあげることができて, その額は 320 万円である.

問2 製品 A を $x_1 = 152/5 = 30.4$ 単位, 製品 B を $x_2 = 82/5 = 16.4$ 単位, 製品 C を $x_3 = 0$ 単位生産したとき, 最大の利潤をあげることができて, その額は 344 万円である.

問3 製品 A を $x_1 = 25$ 単位, 製品 B を $x_2 = 25$ 単位, 製品 C を $x_3 = 0$ 単位, 製品 D を $x_4 = 5$ 単位生産したとき, 最大の利潤をあげることができて, その額は 550 万円である.

問4 (問5 と同じ解答) 食品 P を 20 g, 食品 Q を 80 g, 食品 R を 30 g 購入したとき, 最小の費用であることが分かり, その額は 632 円である.

問6 最適解は $x_{11}=0, x_{12}=9, x_{13}=6, x_{21}=0, x_{22}=0, x_{23}=11, x_{31}=13, x_{32}=0, x_{33}=1$ であり, そのときの輸送費は 203 である.

第2章1節の練習問題

問7 鞍点は $(2,1)$ である. したがって, 最適戦略は $(A,B)=(A_2,B_1)$ の戦略の組み合わせで, ゲームの値は 5 である.

問8 A の最適戦略は $\boldsymbol{x}=(6/7,1/7)$, B の最適戦略は $\boldsymbol{y}=(4/7,3/7)$ で, ゲーム値は 24/7 である.

問9 A の最適混合戦略は $\boldsymbol{x}=(1/5,4/5)$, B の最適混合戦略は $\boldsymbol{y}=(4/5,1/5,0)$ であり, ゲーム値 v は 5/19 である.

問10 B の最適戦略は $\boldsymbol{x}=(1/4,1/4,1/2)$ であり, B の最適戦略は $\boldsymbol{y}=(vu_1,vu_2,vu_3)=(1/2,1/8,3/8)$ で, ゲーム値 v は 9/4 である.

問11 A の最適混合戦略は $\boldsymbol{x}=(x_1,x_2,x_3)=(1/4,1/3,5/12)$, B の最適混合戦略は $\boldsymbol{y}=(y_1,y_2,y_3)=(1/4,1/3,5/12)$ であり, ゲーム値は 0 になる.

第 2 章 2 節の練習問題

問 12 戦略 A_2 は戦略 A_1 を支配する．また，戦略 B_2 は戦略 B_1 を支配する．したがって，A は戦略 A_2, B は戦略 B_2 をとるのがよい．

問 13 戦略の組 (A_1, B_2) はナッシュ均衡点になっている．

問 14 (1) 戦略の組 (A_1, B_1) と (A_2, B_2) はナッシュ均衡点になっている．
(2) 混合戦略問題としてのナッシュ均衡点は

$$(x, y) = (0, 0), \quad (2/3, 3/7), \quad (1, 1)$$

の 3 点である．それぞれ均衡利得は $(E_A, E_B) = (3, 5), (15/7, 8/3), (5, 4)$ である．

第 2 章の文中問題
問題 1

$$\begin{cases} u = u_1 + u_2 + Mu_5 + Mu_6 \to \text{最小化} \\ 5u_1 + 2u_2 - u_3 + u_5 = 1 \\ u_1 + 4u_2 - u_4 + u_6 = 1 \\ u_i \geq 0, \quad (i = 1, 2) \end{cases}$$

		$c_j \to$	1	1	0	0	M	M		
		↓基底変数	u_1	u_2	u_3	u_4	u_5	u_6	定数項	θ
第1段	M	u_5	5	2	-1	0	1	0	1	1/5 (非負最小)
	M	u_6	1	4	0	-1	0	1	1	1
		z_j	$6M$	$6M$	$-M$	$-M$	M	M		
		$c_j - z_j$	$1-6M$ (負最小)	$1-6M$ (負最小)	M	M	0	0		
第2段	1	u_1	1	2/5	$-1/5$	0	1/5	0	1/5	1/2
	M	u_6	0	18/5	1/5	-1	$-1/5$	1	4/5	2/9 (非負最小)
		z_j	1	$\frac{2+18M}{5}$	$\frac{M-1}{5}$	$-M$	$\frac{1-M}{5}$	M		
		$c_j - z_j$	0	$\frac{3-18M}{5}$ (負最小)	$\frac{1-M}{5}$	M	$\frac{6M-1}{5}$	0		
第3段	1	u_1	1	0	$-2/9$	1/9	2/9	$-1/9$	1/9	
	1	u_2	0	1	1/18	$-5/18$	$-1/18$	5/18	2/9	
		z_j	1	1	$-1/6$	$-1/6$	1/6	1/6	1/3	
		$c_j - z_j$	0	0	1/6	1/6	$M-\frac{1}{6}$	$M-\frac{1}{6}$		

ゲームの値は $v = 3$. $(x_1, x_2) = (1/3, 2/3)$.

問題 2

$$a_{11} = 5, a_{12} = 1, a_{21} = 2, a_{22} = 4$$

であるから,

$$(x_1, x_2) = \left(\frac{4-2}{5-1+4-2}, \frac{5-1}{5-1+4-2}\right) = \left(\frac{1}{3}, \frac{2}{3}\right)$$

$$(y_1, y_2) = \left(\frac{4-1}{5-1+4-2}, \frac{5-2}{5-1+4-2}\right) = \left(\frac{1}{2}, \frac{1}{2}\right)$$

$$v = \frac{5 \cdot 4 - 1 \cdot 2}{5-1+4-2} = 3$$

問題3 A の最適混合戦略

$$v \leqq E(\boldsymbol{x}, \boldsymbol{j}_1) = 6x_1 + 3x_2, \ v \leqq E(\boldsymbol{x}, \boldsymbol{j}_1) = 2x_1 + 5x_2$$

明らかに $v > 0$ であるから, $u_i = x_i/v$ とおくと

$$\begin{cases} u = u_1 + u_2 \to \text{最小化} \\ 6u_1 + 3u_2 \geqq 1 \\ 2u_1 + 5u_2 \geqq 1 \\ u_i \geqq 0, \quad (i = 1, 2) \end{cases} \Rightarrow \text{主問題} \begin{cases} w_1 + w_2 \to \text{最大化} \\ 6w_1 + 2w_2 \leqq 1 \\ 3w_1 + 5w_2 \leqq 1 \\ w_i \geqq 0, \quad (i = 1, 2) \end{cases}$$

	$c_j \to$		1	1	0	0		
	↓	基底変数	w_1	w_2	w_3	w_4	定数項	θ
第1段	0	w_3	6	2	1	0	1	1/6 (非負最小)
	0	w_4	3	5	0	1	1	1/3
		z_j	0	0	0	0	0	
		$c_j - z_j$	1	1	0	0		
			(正最大)	(正最大)				
第2段	1	w_1	1	1/3	1/6	0	1/6	1/2
	0	w_4	0	4	−1/2	1	1/2	1/8 (非負最小)
		z_j	1	1/3	1/6	0	1/6	
		$c_j - z_j$	0	2/3	−1/6	0		
				(正最大)				
第3段	1	w_1	1	0	5/24	−1/12	1/8	
	1	w_2	0	1	−1/8	1/4	1/8	
		z_j	1	1	1/12	1/6	1/4	
		$c_j - z_j$	0	0	−1/12	−1/6		

したがって, A の最適混合戦略は $\boldsymbol{x} = (vu_1, vu_2) = (1/3, 2/3)$ で, ゲーム値 v は 4 である.

B の最適混合戦略:

$$E(\boldsymbol{i}_1, \boldsymbol{y}) = 6y_1 + 2y_2 \leqq v, \ E(\boldsymbol{i}_1, \boldsymbol{y}) = 3y_1 + 5y_2 \leqq v$$

明らかに $v > 0$ であるから, $u_i = y_i/v$ とおくと,

$$\begin{cases} u = u_1 + u_2 \to \text{最大化} \\ 6u_1 + 2u_2 \leqq 1 \\ 3u_1 + 5u_2 \leqq 1 \\ u_i \geqq 0, \quad (i = 1, 2) \end{cases}$$

A の解法における, シンプレックス表で変数 w_i を u_i に代えただけで, 全く同じ表になる. したがって, B の最適混合戦略は $\boldsymbol{y} = (vu_1, vu_2) = (1/2, 1/2)$ で, ゲーム値 v は 4 である.

参考文献

　本書を執筆する上で参考にした本をあげておく．

[1] サーティ（浦昭二他訳）『オペレーションズ・リサーチの数学的方法（上, 下）』, 紀伊國屋書店, 1960.

[2] サシーニ, ヤスパン, フリードマン（大前義次他訳）『オペレーションズ・リサーチ：手法と例題』, 紀伊国屋書店, 1960.

[3] チャーチマン, アコフ, アーノフ（宮澤光一他訳）『オペレーションズ・リサーチ入門（上, 下）』, 紀伊國屋書店, 1961.

[4] 渡辺哲雄, 木村等：『ゲームの理論と輸送問題』, 槙書店, 1971.

[5] 木戸睦彦：『線形計画法』, 培風館, 1980.

[6] ダンツィーク（小山昭雄訳）：『線型計画法とその周辺』, ホルト・サウンダース, 1983.

[7] スワンソン（田畑吉雄訳）：『線型計画法』, 現代数学社, 1983.

[8] 今野浩：『線形計画法』, 日科技連出版社, 1987.

[9] 小和田正, 加藤豊：『例解 OR』, 実教出版, 1988.

[10] 鈴木光男：『ゲームの理論』, 勁草書房, 1959.

[11] フォン・ノイマン, モルゲンシュテルン (銀林浩, 橋本和美, 宮本敏雄監訳)：『ゲームの理論と経済行動 』, 東京図書, 1972-1973.

　1:（阿部修一訳）：『経済行動の数学的定式化』,
　2:（橋本和美訳）：『2 人ゲームの理論』,
　3:（下島英忠訳）：『n 人ゲームの理論』,
　4:（銀林浩訳）：『ゲームの合成分解』,
　5:（宮本敏雄訳）：『非零和ゲームの理論』.

[12] 鈴木光男：『ゲームの理論（第 2 版）』, 勁草書房, 1973.

[13] 岡田章：『ゲーム理論』, 有斐閣, 1996.
[14] 武藤滋夫：『ゲーム理論入門』, 日本経済新聞社, 2001
[15] 鈴木光男：『ゲーム理論入門（新装版）』, 共立出版, 2003.

索　引

あ行
逢い引きのジレンマ, 107, 125
鞍点, 72, 78
オペレーションズ・リサーチ, 1

か行
角谷静夫, 110
カントロビッチ, 47
期待利得, 77
基底解, 8
基底変数, 8
行列ゲーム, 69
行列の積, 41
許容域, 4
均衡点, 72
均衡利得, 109
クールノーの複占市場, 131
グラフによる解法, 4
ゲームの値, 72
ゲームを解く, 72
混合戦略, 75, 77, 108

さ行
最小化プレイヤー, 69
最小化問題, 2
最大化プレイヤー, 69
最大化問題, 2
最適解, 4
最適混合戦略, 78
最適混合戦略問題, 78
最適戦略, 72
最適値, 4
最適な戦略, 69
最適反応戦略, 104
最適輸送計画, 48
実現可能集合, 124
実行基底解, 8, 11
支配, 102
支配戦略, 101
支配戦略の原理, 104
シャーロックホームズの冒険, 92
囚人のジレンマ, 102
囚人のジレンマの混合戦略, 121
主問題, 35
純粋戦略, 77
人為変数, 29
シンプレックス表, 13
シンプレックス法, 12
スラック変数, 8
制約条件, 2
線形計画法, 1, 84
線形計画問題, 2
戦略, 68
双行列, 101
双行列ゲーム, 101
双対定理, 35
双対問題, 35

た行
ダンツィーク, 47
手, 68
転置, 77

な行
ナッシュ均衡戦略, 109
ナッシュ均衡点, 105

は行
罰金法, 28
パレート最適, 104
非基底変数, 8
非実行基底解, 8, 11
非負条件, 2
ピボット演算, 17, 18
フォン・ノイマン, 68
2人非ゼロ和ゲーム, 101
不動点定理, 110
方策, 68
北西隅法, 49
保証水準, 70

ま行
マックスミニ原理, 71
マックスミニ値, 71
ミニマックス原理, 72
ミニマックス値, 72
ミニマックス定理, 78
目的関数, 2

モルゲンシュテルン, 68

や行
有限ゼロ和ゲーム, 69

輸送問題, 47

ら行
利得, 68

利得行列, 69
ループ, 52

執筆者紹介

藤本 佳久（ふじもとよしひさ）　明治大学経営学部

例題と演習で学ぶ 経営数学入門
── 線形計画法とゲーム理論──

2005年4月10日	第1版	第1刷	発行
2009年3月30日	第2版	第1刷	発行
2022年9月30日	第2版	第5刷	発行

著　者　　藤本　佳久
発行者　　発田　和子
発行所　　株式会社　学術図書出版社

〒113-0033　東京都文京区本郷5丁目4の6
TEL 03-3811-0889　振替 00110-4-28454
印刷　（株）かいせい

定価はカバーに表示してあります．

本書の一部または全部を無断で複写（コピー）・複製・転載することは，著作権法でみとめられた場合を除き，著作者および出版社の権利の侵害となります．あらかじめ，小社に許諾を求めて下さい．

© Y. FUJIMOTO　2005, 2009　Printed in Japan
ISBN978-4-7806-0136-7　C3034